Cómo ser ecológico en casa

200 consejos para ser más sostenible día a día

Índice

¿Por qué es importante ser ecológico?

Vivimos en un mundo que se precipita peligrosamente al abismo. Desde hace décadas, nuestro estilo de vida y el consumismo galopante están derrochando los recursos naturales tan escasos y difíciles de conseguir que nuestro planeta posee. Además, para empeorar aún más la situación, esto se hace con una tranquilidad y despreocupación que, cuanto menos, debería dejar atónito a cualquier persona que tuviera dos dedos de frente.

Si bien es cierto que son muchas las amenazas a las que se enfrenta la Tierra, cabe mencionar el cambio climático como la más peligrosa y la más urgente que requiere una respuesta conjunta y coordinada de todos los agentes sociales (nacionales e internacionales), ya que, como es lógico, el calentamiento global no entiende de fronteras.

Si no hacemos nada, el siglo XXI será sin duda el siglo de los mayores desafíos para la supervivencia de la especie humana. De hecho, además de estar en serio peligro nuestra propia supervivencia, también lo está nuestra propia civilización. Solemos pensar en el calentamiento global y el cambio climático como un problema que afecta sobre todo a la naturaleza, a los animales y a las plantas, a los glaciares y a los bosques. Sin embargo, aunque esto sea una realidad tristemente tangible, los mayores desafíos que el cambio climático presenta no se jugarán en la naturaleza, sino en las sociedades humanas asentadas desde hace milenios en el planeta.

Todo hace pensar que, en las próximas décadas, como consecuencia del deshielo de los casquetes polares, el nivel del mar podrá ascender entre dos y veinte metros de lo que se sitúa actualmente. Las cifras no están del todo claras ya que, en esto, no influirá únicamente la cantidad de nueva agua que se vierta a los océanos como consecuencia del deshielo, sino también la dilatación que sufrirán los mares como consecuencia de temperaturas más elevadas y que pondrán todavía en mayor riesgo la supervivencia de los núcleos de población que se asientan en las costas de todo el globo. Desde Japón y China, pasando por las dos costas estadounidenses y grandes regiones del norte de Europa, además de numerosas poblaciones situadas en la ribera mediterránea, así como numerosas islas de Oceanía y el Pacífico, y gran parte de las costas de Sudamérica, todo esto, podría quedar sepultado bajo las olas del mar del mismo modo que Platón describió la desaparición de la mítica Atlántida hace más de 2.600 años.

¿Os imagináis qué pasará cuando toda esa gente se quede sin casas y sin un lugar donde vivir? Conocemos el terremoto que causan los migrantes que se ven forzados a abandonar sus hogares a causa de la pobreza o la violencia. Si no hacemos algo, en unas cuantas décadas nos tendremos que enfrentar a un desplazamiento de poblaciones humanas como nunca jamás se haya visto nada igual en toda la historia de la humanidad.

Todo esto se verá acrecentado por otras manifestaciones del cambio climático, que todo parece indicar que se presentarán como fenómenos extremos en forma de inundaciones y sequías, huracanes y tifones a ambos lados de los océanos, así como olas de calor que superarán con facilidad los 50 grados centígrados.

Otro de los grandes retos a los que nos enfrentaremos como consecuencia del cambio climático será la escasez de agua potable. Un bien de primera necesidad y que, al menos hasta ahora, al que la mayoría de las personas hemos tenido acceso con mayor o menor facilidad. ¿Qué haremos cuando no haya agua suficiente para todos y tengamos que racionar los horarios en los que salga agua del grifo?

Por todo lo anterior, y por muchas otras cosas que no se han mencionado pero que formarán parte del pan nuestro de cada día en las próximas décadas, es por lo que es importante ser ecológico. Los más alarmistas afirman que el daño que hemos causado al planeta ya no se puede revertir. Al menos, no antes de cientos de años. A pesar de ello, también hay quienes afirman que, si bien el daño causado no se puede revertir en una o dos generaciones, los daños que todavía somos capaces de hacer al planeta y a la vida que lo ha poblado desde hace millones de años todavía pueden ser mucho peores y, si no echamos el freno, lo que nos jugamos no son problemas de magnitudes bíblicas, sino la simple supervivencia de nuestra especie.

Por todo lo anterior, por todo esto y por lo que queda por venir, es por lo que es imprescindible actuar. No se trata solo de una cuestión de suma importancia, también lo es de suma urgencia. Cada acción, cada decisión que tomemos cuenta e inclina la balanza hacia un lado u otro y, por ello, es imprescindible que actuemos con rapidez.

La fuerza del ciudadano de a pie frente a los agentes sociales

Si bien es cierto que las palabras anteriores han podido sonar apocalípticas, no es menos cierto que hay razones para la preocupación y para el miedo. A pesar de ello, también es cierto que son muchas las razones que nos hacen pensar que también hay espacio para la esperanza y para la fe en que, unidos, podemos cambiar las cosas. Hoy en día, el movimiento ecologista une a millones de personas a lo largo y ancho de todo el planeta. Personas de diferentes sensibilidades religiosas y políticas, que hablan diferentes idiomas y que han nacido y crecido en diferentes tradiciones culturales, se están uniendo con un mismo fin: frenar la destrucción del planeta.

Uno de los aspectos que más suele echar para atrás a la gente que se propone reducir su impacto en el medio ambiente es la presión que los grandes agentes sociales tienen en esta lucha. Con grandes agentes sociales nos referimos a gobiernos, empresas o instituciones de cualquier tipo que, de forma indudable, tienen la mayor capacidad de reducir el impacto que las actividades humanas tienen en el planeta. En esta tesitura, cabe pensar que, el ciudadano de a pie, la persona individual, poco o nada tiene que hacer a la hora de luchar por conservar y revertir el daño causado al medio ambiente. Sin embargo, es aquí donde es necesario realizar una reflexión. Los ya mencionados como grandes agentes sociales tienen el poder activo de frenar o corregir las acciones humanas. No obstante, son las personas individuales las que, con sus acciones y demandas, consiguen que estos grandes agentes sociales dirijan sus esfuerzos en una dirección u otra. Por ello, no se debe subestimar la fuerza que el ciudadano de a pie tiene a la hora de marcar la agenda política o económica nacional e internacional.

Las elecciones de los ciudadanos individuales pueden hacer que una empresa tome una decisión u otra. Si una empresa sabe que, llevando a cabo una acción que perjudica el medio ambiente, se pone en contra a una parte importante de la sociedad, así como a sus clientes potenciales, es muy probable que se cuestione si le interesa realmente seguir adelante con la acción planteada. De esta forma, con las acciones individuales, podemos conseguir cambios globales ejecutados por esos grandes agentes económicos que, en muchas ocasiones, resultan demasiado etéreos o distantes del día a día de las personas particulares.

Por otro lado, también hay que tener en cuenta que, aunque los grandes agentes sociales sean quienes mayor capacidad tienen a la hora de reducir y revertir el daño causado al planeta, las acciones individuales, y más cuando se suman todas ellas, también son causantes de muchos de los males que acucian al medio ambiente en la actualidad. Por ello, no debemos menospreciar nuestros actos como personas particulares, ya que, por pequeños que sean, serán uno de los granos de arena que irán sumándose, poco a poco, hasta dar como resultado una playa o una montaña en todo su esplendor. Las acciones pequeñas, cuando son constantes y continuadas en el tiempo, tienen más poder que las grandes acciones pero esporádicas.

El engaño del consumismo

Otro de los aspectos a los que merece la pena dedicarle unos minutos es el consumismo. Según el discurso consumista tradicional, consumimos para satisfacer necesidades. Al consumir, satisfacemos dichas necesidades y, en consecuencia, alcanzamos la felicidad o el placer que, como seres sintientes, todos deseamos y anhelamos. Esto es sencillamente falso. No porque no busquemos la felicidad o el placer, sino porque el consumismo no satisface necesidades. Al menos, no necesidades reales, sino necesidades artificiales creadas con el único objetivo de moldear la mente del consumidor para que siga consumiendo y, de esta forma, llenando los bolsillos de las empresas que se lucran con dicho consumo.

El problema del consumismo actual es que pone al mismo nivel una necesidad real (por ejemplo comer), que una necesidad artificial (por ejemplo tener el último modelo de teléfono móvil). Esta narrativa es falsa porque parte de premisas que son radicalmente mentiras. No todas las necesidades son iguales y, de hecho, algunos deseos de los que se catalogan actualmente como necesidades no solo no lo son, sino que además deberían ser considerados como lujos en el mejor de los casos. Nadie necesita tener el último modelo de teléfono móvil. Solo la empresa que fabrica teléfonos móviles necesita que creas que lo necesitas. De esta forma, consiguen parasitar las mentes de los consumidores para exprimirles hasta la última moneda que tanto esfuerzo les cuesta conseguir con su trabajo.

Como sucede con el teléfono móvil, sucede con casi todo aquello que descubrimos que existe a través de la publicidad. Si realmente es una necesidad, puedes estar seguro de que serás tú mismo quien vaya a por ello, sin necesidad de que un equipo de publicistas se tenga que esmerar en moldear tus deseos para que actúen contra su propia naturaleza.

Además, a esta dialéctica enfermiza, hay que sumarle otro aspecto fundamental. Mientras estás atado a la rueda del consumismo, la necesidad de mantenerse en dicho ritmo de consumo evitará que puedas realizarte como persona y, en consecuencia, alcanzar la felicidad real, esa que nace de la autorrealización como ser humano y que nunca se va a encontrar en el consumismo ni en sus tretas.

Según el budismo, los seres sintientes estamos atrapados en una rueda que constituye el ciclo de nacimiento, muerte y renacimiento que se caracteriza por implicar sufrimiento. Para liberarse de este ciclo, tenemos que alcanzar el

Nirvana, un estado de iluminación en el que cesa el apego. Aunque se trata de una explicación extremadamente resumida, se puede decir que con el consumismo sucede lo mismo. El consumismo es una rueda de sufrimiento constante que nunca tiene fin. Además, a pesar de afirmar que es la fuente de la liberación de nuestro sufrimiento (supuestamente satisfacemos necesidades para ser felices), la realidad es que es una de las principales fuentes de dicho sufrimiento, por lo que zambullirse en él nos distancia aún más de esa hipotética felicidad que queremos alcanzar. De hecho, hay que tener en cuenta que, inmersos en el consumismo, nos anulamos como seres humanos, porque corremos detrás de una ilusión que es mentira y, mientras corremos, perdemos la oportunidad de alcanzar la felicidad que tenemos delante. Aquella que es realmente la felicidad humana, que es la que nace de autorrealizarse como persona, para lo que no es necesario nada de lo que el consumismo nos ofrece.

Una casa más grande, un teléfono más nuevo, un ordenador más potente, un coche más vistoso, ropa más cara, más de todo de lo que ya tenemos, más de aquello que ni siquiera sabíamos que podíamos tener. Sin duda, el consumismo es el verdadero opio del pueblo en la actualidad...

Mientras todo esto sucede, la vida pasa por delante, sin que haya nada en el consumismo que sea duradero y sólido. Se trata solo de ilusiones vanas que, igual que las falsas esperanzas, nos hacen perder el tiempo que podríamos emplear en cosas que realmente aportasen valor a nuestra vida. Y, para que la rueda del consumismo siga girando y prolongando el sufrimiento, derrochamos los escasos recursos naturales que todavía nos quedan y sobreexplotamos cualquier yacimiento o materia prima que está a nuestro alcance, poniendo en serio peligro la supervivencia de los ecosistemas asociados a dichos entornos, implicando una destrucción que, en muchos casos, ya no tiene remedio.

El consumismo es una mentira. Y es una mentira que está saliendo muy cara, tanto en el plano social y humano como en el plano medioambiental.

La regla de las tres erres: reducir, reutilizar, reciclar

Uno de los elementos que más han conseguido simplificar el ecologismo, pero sin que por ello se pierda su verdadera esencia, es la regla de las tres erres. Esta regla recibe su nombre de la primera letra de las tres reglas que componen la regla. En los tres casos, se trata de la letra "R", lo que facilita memorizar la regla de las tres erres. Esta regla es sencilla, y se basa en tres normas que se suceden una a otra: reducir, reutilizar, reciclar.

La primera regla de las tres erres es reducir. Reducir significa, simplemente, eliminar de tu estilo de vida todo aquello que no necesitas y, en concreto, aplicada al ecologismo, significa, simplemente, que compres menos, mejor dicho, que consumas menos. No necesitas tantas cosas como crees. Ya hemos visto cómo el consumismo es una trampa que nos engaña y nos parasita el sentido común para que seamos máquinas de consumir continuamente pero, frente a ello, podemos darnos cuenta de que no necesitamos la mayoría de esas cosas. Así, reducimos el consumo y, en consecuencia, nuestro impacto en el medio ambiente y en el planeta en su conjunto.

Un buen ejemplo lo encontramos en los armarios de la mayoría de las personas que viven actualmente en los denominados países desarrollados. ¿Cuántas camisetas tiene una persona de tipo medio? ¿Cuántos pantalones, camisas, zapatos? De media, se podría estar hablando de más de 50 camisetas por persona, más otras tantas prendas de otras tipologías. Ahora, pensemos en las veces que nos pondríamos esas camisetas. Pensemos en los días que tiene un mes. ¿Realmente necesitas más de una camiseta para cada día del mes? Obviamente, la respuesta es no. Y cualquier persona que diga lo contrario se está engañando a sí misma.

Tenemos muchísimas más cosas de las que realmente necesitamos. Consumimos por encima de nuestras propias necesidades y, en muchos casos, ese consumo termina siendo arrumbado en los armarios de casa sin que se le vaya a dar un uso real. El ejemplo de la ropa es solo eso, un ejemplo. Pero la regla de reducir es aplicable a cualquier cosa, desde la ropa a los cosméticos, a los viajes, a las comidas y cenas fuera de casa, a cualquier cosa que consumimos sin que, realmente, la disfrutemos o la necesitemos. Por ello, reduciendo el consumo, reducimos también el impacto en el medio ambiente.

La segunda de las reglas de las tres erres es reutilizar. Esta regla también se podría formular como aplicar la alargascencia a cualquier producto o servicio. Es decir, estirar lo más posible la vida útil de los productos y servicios que consumimos. Si continuamos con el ejemplo del armario, ¿cuántas camisetas nuevas tienes? Mejor aún, ¿en qué estado están las camisetas que sueles tirar? En la mayoría de los casos, una ingente cantidad de personas tiran la ropa estando completamente nueva y siendo perfectamente apta para cumplir la función para la que se diseñó y se compró. La segunda regla, la de reutilizar, consiste en utilizar los productos durante tanto tiempo como sea posible. Esto se tiene que leer de dos maneras. Por un lado, alargar su uso y disfrute durante tanto tiempo como se pueda. Y, por otro lado, arreglar las cosas cuando se estropean.

Uno de los mejores ejemplos que vamos a encontrar respecto a la reutilización está en el uso que hacemos de los productos tecnológicos. Pensemos en un teléfono móvil. Lo usamos durante todo el tiempo de su vida útil y, cuando se estropea, lo tiramos y compramos otro. Sin embargo, ese teléfono móvil podría seguir funcionando perfectamente si lo llevamos a un comercio en el que lo pudieran arreglar. A veces, con cambiar la pantalla o la batería podemos ampliar la vida útil de ese teléfono durante 2 ó 3 años más. Esto también es aplicar la regla de reutilizar.

Finalmente, la tercera regla de las tres erres es reciclar. Efectivamente, cuando consumimos productos, por mucho que alarguemos su vida útil mediante la regla de la reutilización, llegará un momento en el que su vida útil toque a su fin. Es algo completamente lógico y natural, por lo que no debe suponer un problema si se sabe, a ciencia cierta, que el producto en cuestión ha sido utilizado en todo su máximo potencial. Sin embargo, llegados a este punto, es necesario gestionar de forma eficiente y lo más ecológicamente posible los residuos. Por ello, es fundamental que sean reciclados para que no se conviertan en basura, sino en materia prima que sirva para la creación de productos nuevos. Continuando con los ejemplos de la ropa y de los teléfonos móviles, reciclar ropa permite crear nuevos tejidos, y reciclar los teléfonos móviles permite separar cada uno de sus componentes (algunos de ellos, metales pesados extremadamente tóxicos), con lo que se consigue también obtener materias primas de forma más barata y, al mismo tiempo, evitar que estos residuos contaminen el medio ambiente.

Como se puede ver, la regla de las tres erres es un buen punto de referencia a la hora de dirigir nuestro consumo hacia un consumo responsable y sostenible. Por ello, se ha explicado de forma separada en un capítulo aparte, ya que, aunque aplicar la regla de las tres erres podría ser considerado un consejo ecológico en sí mismo, se considera que es un consejo demasiado general como para no tratarlo por separado en este libro.

¿Cuál es el objetivo de este libro?

El objetivo de este libro, como no podía ser de otra forma, es ayudarnos a adoptar hábitos ecológicos en el día a día, tomando como referencia al ciudadano particular. Esto no significa que no se trate de un libro que no pueda ser útil en otros contextos (como pueden ser empresas o administraciones e instituciones públicas). Sin embargo, es importante aclararlo para entender la manera en que se formulan los consejos que nos ocuparán a partir del próximo capítulo. Este libro está pensado para que las personas a nivel individual y familiar cambien algunos de los hábitos que realizan de forma diaria y constante para reducir su impacto en el medio ambiente. Así mismo, también está enfocado desde una perspectiva que resulte viable en la mayoría de las situaciones.

En este sentido, es importante matizar que siempre van a poder existir situaciones personales o especiales que limiten o impidan la completa aplicación de los consejos que se exponen a continuación. Así mismo, también habrá que tener en cuenta situaciones que puedan limitar la acción del lector por diversos ámbitos. Por ejemplo, durante la redacción del libro, figurarán diferentes consejos relacionados con la infraestructura de las viviendas, y como hacerlas más eficientes y respetuosas con el medio ambiente. Como es natural, aquellas personas que vivan de alquiler, o aquellas personas que vivan en comunidades de vecinos, verán más limitada la aplicación de algunos de estos consejos, ya que, para llevarlos a la práctica, es necesario llevar a cabo modificaciones en algunos elementos arquitectónicos de la vivienda. Lo que, como se puede prever, no siempre es posible.

Sin embargo, más allá de casos concretos, el espíritu de este libro es principalmente práctico, funcional y fácil de aplicar en muchas de las situaciones cotidianas que se dan en el día a día y que, como hemos comentado ya, tienen un impacto mayor del que se puede pensar cuando se suman todas ellas.

Así mismo, durante la lectura de los consejos, se podrá notar que (aunque no todos) la mayoría de ellos están agrupados en diferentes grupos, lo que facilita su localización dentro del conjunto. En efecto, se podrán encontrar la mayoría de los consejos agrupados por temas o tipos. A pesar de ello, esto no significa que se traten de grupos perfectamente definidos y monolíticos. Al contrario, uno de los objetivos de este libro ha sido que su lectura sea rápida y sencilla, que sea apta para todos los públicos y que, más allá de los datos técnicos (que los hay, pero intentando que se trate de una información que no distraiga de la lectura), permita aplicar estos consejos de forma útil y efectiva, sin perderse en excesos de información que, para el lector común, terminan constituyendo más un incordio que información útil de su interés.

Por otro lado, también se ha intentado que los consejos sean los suficientemente completos como para que no queden dudas, o, al menos, dudas fundamentales al respecto. Por ello, a continuación de cada uno de los consejos, se ha incluido una pequeña explicación que matiza y aclara cualquier duda que pudiera quedar respecto a cada uno de los consejos que aquí se exponen.

Ahora sí, sin más preámbulos, empezamos con los consejos para ser más sostenible en el día a día. Poco a poco, entre todos, conseguiremos hacer de nuestro planeta un lugar más agradable y más sano para todos los seres vivos que lo habitamos.

200 consejos para ser más sostenible en el día a día

1. Cerrar el grifo de la ducha al enjabonarse

Uno de los primeros consejos para ser más sostenible en el día a día y que no podía faltar es el relativo al gasto del agua que supone la ducha. En este sentido, hacer algo tan sencillo como cerrar el grifo mientras nos enjabonamos, ayuda a reducir una parte importante del consumo de agua diario que usamos para lavarnos. La forma más adecuada de hacerlo sería primero mojarnos el cuerpo y el cabello para que esté receptivo al jabón, cerrar el grifo, tomar el jabón correspondiente y enjabonar todo nuestro cuerpo y cabello y, finalmente, enjuagarnos por completo con un poco más de agua, haciéndolo desde arriba hacia abajo, lo que permitirá aprovechar mejor el uso del agua.

2. Preferir la ducha al baño

Por otro lado, y sin abandonar el baño, también hay que tener en cuenta que, si tenemos que elegir entre ducha o baño, la ducha tiende a gastar mucha menos agua que el baño, más si cerramos el grifo mientras nos enjabonamos como ya hemos mencionado. De esta forma, escoger una ducha rápida en lugar de un baño es la mejor forma de ahorrar una cantidad muy importante de agua cada día. Así mismo, también hay que tener en cuenta que las duchas deberán ser cortas. De nada sirve optar por la ducha en lugar del baño si, después, permanecemos media hora debajo del chorro de agua. Por lo general, con duchas de entre 5 y 10 minutos como máximo debería bastar.

3. Instalar difusores de agua en los grifos de casa

Otra de las formas más sencillas de ahorrar una cantidad muy importante de agua tanto en la ducha como en el resto de grifos de casa pasa por instalar difusores de agua en cada uno de ellos. Estos difusores no se deben confundir con los cabezales de sensación de lluvia para la ducha, que lo único que hacen es verter el agua pulverizada pero no reducen la cantidad que sale por segundo. Por el contrario, los difusores de agua permiten que la cantidad de agua que sale por el grifo sea menor, pero, al tener una forma que distribuye mejor el agua, permite que se puedan seguir usando de la misma manera mientras que reducimos la cantidad de agua que consumimos.

4. Usar un cubo o palangana para aprovechar el agua mientras se regula la temperatura de la ducha

Sin abandonar la ducha, otro de los hábitos ecológicos que podemos adoptar es el de aprovechar el agua de la ducha mientras se regula la temperatura. Esto se consigue usando un cubo o una palangana mientras dejamos el chorro del agua de la ducha abierto para que alcance la temperatura apropiada para que sea agradable a la piel. Esta agua que se pierde durante los primeros segundos con la ducha abierta se puede usar de muchas formas. Una de las más comunes es la de usarla como agua para fregar el suelo. También se puede utilizar para lavar a mano aquellas prendas que no se puedan meter en la lavadora o, incluso, para "tirar de la cadena" del inodoro una vez sin tener que gastar más agua.

5. Utilizar el agua sobrante para regar las plantas

Por otro lado, tanto el agua que recuperemos de los primeros segundos de la ducha como el agua que pueda sobrarnos en los vasos de la comida, es agua que se puede usar para regar las plantas. Las plantas que tengamos en casa necesitarán diferentes cantidades de agua. Por ello, lo más aconsejable será adaptar el agua sobrante a cada caso. Sin embargo, es absurdo tirar el agua sobrante en buen estado por el desagüe. En su lugar, podemos usarla para mantener húmeda la tierra de las macetas, lo que nos ayudará a reducir el consumo de agua y a aprovechar esa agua que ya hemos sacado de las tuberías.

6. Cerrar el grifo mientras te lavas los dientes

Otro de los momentos en los que tenemos que cerrar el grifo para reducir el consumo de agua es mientras nos lavamos los dientes. La forma más adecuada de lavarse los dientes es mojar levemente el cepillo con agua de grifo, cerrar el grifo, colocar el dentífrico en el cepillo, cepillarse los dientes y, finalmente, abrir el grifo durante unos pocos segundos para lavar el cepillo y lavarse la boca. De esta manera, reducimos la mayor cantidad de agua que se suele gastar durante el cepillado de los dientes, ya que, la mayor parte del tiempo que realizamos esta actividad, no necesitamos tener el grifo abierto.

7. Cerrar el grifo mientras enjabonas los platos

Otro momento en el que el grifo debería estar cerrado es cuando estamos enjabonando los platos para lavarlos a mano. Se trata de una práctica que puede ser algo más molesta que en otros casos, ya que, en esta ocasión, sí que tendremos que estar abriendo y cerrando el grifo con bastante frecuencia. Sin embargo, también es una forma muy recomendable de reducir el consumo de agua en casa.

Una de las formas más efectivas de hacerlo es abrir inicialmente el grifo para mojar los platos y el estropajo y, a continuación, cerrarlo y enjabonar todos los platos y los cubiertos que haya en la pila. Una vez que estén enjabonados todos y hayamos frotado para eliminar los restos de comida o suciedad que puedan quedar, volveremos a abrir el grifo para enjuagar los restos de jabón. Aunque sea un poco más tedioso que hacerlo uno a uno con cada utensilio de cocina, conseguiremos reducir una parte importante del consumo de agua con cada lavado.

8. Instalar grifos monomando

Una de las maneras de ahorrar agua en casa y que no puede faltar es la sustitución de los antiguos grifos de doble rosca por los grifos monomando. Este tipo de grifos son mucho más sensibles y regulan de forma más efectiva tanto la temperatura como la cantidad de agua que sale por la boca, lo que, desde una perspectiva ecológica, se traduce en un uso mucho más eficiente del agua que gastamos. Sustituir los antiguos grifos dobles (los que tienen una rosca para el agua caliente y otra para el agua fría) es una forma sencilla de reducir el consumo de agua en cada una de las tomas de agua, por lo que es importante sustituir estos grifos antiguos por los modernos monomando.

9. No usar el inodoro de papelera

Por otro lado, una de las formas de ahorrar bastante agua en casa pasa por algo tan sencillo como no usar el inodoro como papelera. Además de facilitar las averías y los atascos, cada vez que usamos el inodoro como una papelera para tirar papel higiénico o cualquier otro residuo en el baño también tiramos de la cadena del váter para que esos residuos se vayan por las cañerías. Cada vez que hacemos esto, gastamos agua y enviamos dichos residuos al sistema de alcantarillado, lo que, en muchos casos, también implica que terminen en el medio ambiente.

Para evitar que esto suceda, lo más recomendable es colocar una papelera en el baño para poder tirar en ella todo lo que nos sobre. El tipo de papelera que escojamos dependerá de factores personales. Sin embargo, suele ser recomendable usar papeleras sin tapa. Aunque sean menos estéticas, facilitan la tarea de tirar los residuos en su interior y, además, evitan que la humedad se pueda concentrar, por lo que también se evitarán malos olores.

10. Instalar un sistema de reutilización del agua del baño para la cisterna del inodoro

Aunque se trata de un sistema que puede ser complicado de instalar en algunos casos, hoy en día existen sistemas que dirigen el agua de los desagües del lavabo y la ducha a la cisterna. De esta forma, estas aguas grises, se pueden volver a usar para eliminar los residuos propios del inodoro, lo que permite que se ahorre una cantidad importante de agua. Estos sistemas de reutilización del agua del baño para la cisterna se comercializan en muchas tiendas físicas y virtuales. Algunos de ellos se pueden instalar sin demasiadas complicaciones y otros los puede instalar un fontanero profesional. En cualquier caso, constituyen una buena forma de reducir, aún más, el gasto de agua que supone una estancia de la casa como es el baño.

11. Calentar el agua con energía solar

Una de las opciones que existen disponibles para ahorrar energía en casa es calentar el agua calienta sanitaria (ACS) mediante energía solar. Esto se hace mediante la instalación de un dispositivo que, generalmente, se coloca en el tejado y que almacena una cantidad determinada de agua. Este dispositivo cuenta con un panel solar a través del cual circula el agua y, al estar expuesto al sol, el agua se calienta de forma natural. Así mismo, también hay dispositivos que incorporan una batería que se carga con la energía de la luz solar y que, de esta forma, mantienen el agua caliente de forma continuada y durante más tiempo.

12. Bajar la temperatura del termostato del agua caliente

Otra de las formas con las que podemos ahorrar energía en casa es bajar unos cuantos grados la temperatura a la que sale el agua caliente del grifo. Por lo general, el agua caliente está regulada para que salga a una temperatura cercana a los 38 grados centígrados aproximadamente. Según la región y la temperatura ambiental que se dé fuera de casa, podemos bajar esta temperatura hasta los 30 grados, o incluso menos. De esta manera, ahorraremos una parte importante de energía al necesitar menos cantidad de combustible para mantener el agua caliente a la temperatura estándar. Así mismo, si no se quiere bajar la temperatura de forma constante, se puede hacer únicamente durante los meses de verano, cuando la temperatura exterior es mayor y el uso del agua caliente es meramente eventual.

13. Instalar fundas de espuma aislante alrededor de las tuberías del agua caliente

Otra de las formas de ahorrar energía en lo que se refiere al agua caliente sanitaria (ACS) consiste en instalar fundas de espuma aislante alrededor de las tuberías del agua caliente. Estas fundas permiten que la temperatura del agua se conserve mejor y durante más tiempo, por lo que no es necesario calentarla demasiado para que esté disponible al abrir el grifo. Se pueden instalar en las tuberías de toda la instalación del agua de casa, aunque, los lugares que son más importantes, son sin duda aquellos que están más expuestos al frío.

14. Cambiar la resistencia del calentador cuando se acumula la cal

Por otro lado, es importante tener en cuenta que la resistencia de los calentadores del agua se estropean cuando el agua que llega a casa forma parte de las denominadas como aguas duras, es decir, aguas con mucha cal. Cuando la resistencia del calentador se recubre de cal, su capacidad de calentar se ve mermada, lo que hace que sea necesario usar más energía para conseguir una temperatura idéntica a la usada tiempo atrás. Por ello, es muy importante cambiar la resistencia del calentador del agua caliente en casa cada cierto tiempo o, si se puede, limpiarla y reutilizarla para alargarle la vida útil.

15. Instalar un programador para encender el agua caliente

Otra forma que nos va a ayudar a ahorrar energía en lo relativo al uso del agua caliente sanitaria (ACS) es disponer de un programador que encienda y apague el calentador del agua según las horas del día. De esta forma, si desde por la mañana hasta por la noche no hay nadie en casa, no es necesario que se consuma energía para calentar el agua. Gracias a un programador en el dispositivo del calentador del agua, se puede programar el dispositivo para que empiece a calentar el agua un par de horas antes de que se llegue a casa, de modo que esté lista para tomar una ducha después del trabajo o de la escuela sin necesidad de consumir energía durante el resto del día.

16. No echar aceites por los desagües

Uno de los aspectos que tenemos que tener en cuenta en la cocina es que no se debe echar por los desagües ningún tipo de aceite. Además de ser una manera de atascar y averiar las tuberías, constituyen un grave peligro para los ecosistemas. El problema de los aceites es que, al ser líquidos, pasan los filtros de las depuradoras y, en consecuencia, llegan a los ríos y los mares. Sin embargo, como el aceite es menos denso que el agua, termina formando una capa superficial, especialmente en los ríos. En consecuencia, esto provoca que la oxigenación del agua no se lleve a cabo correctamente, por lo que causa la muerte tanto de la flora como de la fauna de estos ecosistemas.

En su lugar, lo correcto será almacenar el aceite sobrante en una botella o bote y llevarlo a un punto limpio, donde será gestionado de forma adecuada en el contenedor naranja. Otra opción es usar alguno de los diversos productos que existen para solidificarlo, y así tirarlo a la basura.

17. Cambiar las bombillas de casa por bombillas LED

Otra de las medidas que no pueden faltar en una casa ecológica es sustituir las bombillas antiguas (incluidas las denominadas de bajo consumo, que son muy contaminantes al contener gases de metales pesados como el mercurio) por bombillas de tecnología LED. Las bombillas LED son mucho más eficientes que las otras bombillas. Para que nos hagamos una idea, una bombilla incandescente usa el 50% de la energía que consume para generar luz, mientras que el 50% sobrante se desperdicia en forma en calor. En el caso de las bombillas de bajo consumo esta cifra se reduce considerablemente. Sin embargo, en el caso de las bombillas LED, la eficiencia es todavía mayor, llegando a usar el 90% de la energía consumida en producir luz, mientras que solo el 10% se pierde en forma de calor.

Además, aunque las bombillas LED sean un poco más caras que las de otro tipo, su vida útil es mucho mayor que la de las antiguas, por lo que tardarán muchos más años en fundirse y, por lo tanto, pasará mucho más tiempo antes de que se tengan que cambiar. Por lo que, a la larga, se trata de una inversión que se amortiza económicamente.

18. Apagar las luces y los electrodomésticos que no se estén usando

Por otro lado, una de las medidas que nos van a permitir reducir nuestro consumo energético en casa pasa por asegurarse de apagar aquellos aparatos que consumen electricidad cuando no se estén usando. En este aspecto, hablamos principalmente de las luces, aunque también cabe señalar electrodomésticos de ocio como la televisión o el ordenador, que suelen ser fáciles de dejar encendidos cuando no se usan a pesar de que consumen energía de forma continua mientras están activados.

19. Poner la pantalla del ordenador en suspensión

Sin dejar el mundo de los ordenadores, otra de las medidas que tenemos que tener en cuenta es el uso de la pantalla en suspensión cuando no apagamos el ordenador porque vamos a usarlo en un período de tiempo muy breve. Originalmente, el modo de pantalla en suspensión estaba diseñado para que las pantallas no se sobrecalentasen y pudieran estropearse. Hoy en día, la mayoría de los ordenadores no presentan este tipo de problemas. Sin embargo, sí que consumen más energía mientras la pantalla está activa, por lo que es importante usar el modo en suspensión siempre que sea posible, ya sea programándolo para que se active después de unos minutos sin usar el ordenador, o haciéndolo manualmente cada vez que no lo vamos a usar.

20. Instalar luces con detectores de movimiento

Una de las formas más efectivas de evitar olvidarse de apagar las luces es no tener que hacerlo. Esto se consigue mediante la instalación de detectores de movimiento, lo que permite que sean las propias luces las que se enciendan cuando haya personas en la habitación. Si bien es cierto que no son el sistema más práctico para algunas estancias de la casa, sí que son una opción perfecta en el caso de exteriores, zonas comunes, o espacios de paso como pasillos, galerías o distribuidores.

21. Contratar una tarifa eléctrica verde o ecológica

Un elemento importante a la hora de ser ecológicos en casa pasa por contratar una tarifa de electricidad de las que se denominan tarifas verdes o tarifas ecológicas. Estas tarifas son ofertadas por diferentes distribuidoras de electricidad, y su característica principal es que nos aseguran que se trata de energía procedente directamente de fuentes de energía renovables y limpias. Esto se consigue ampliando la producción de la propia red de energía de la propia distribuidora, que adecúa la producción a la demanda que hacen los usuarios. Es decir, si más personas contratan las tarifas verdes o tarifas ecológicas, la distribuidora asegura que implementa las instalaciones correspondientes para producir dicha energía limpia.

Si bien es cierto que en términos generales es así, conviene leer detenidamente la letra pequeña para asegurarse de cuáles son los términos que la distribuidora se asegura de ofrecer. No obstante, siempre es una forma adecuada de fomentar el uso de energías renovables y limpias desde la capacidad que, como consumidor, tiene el ciudadano particular.

22. Instalar paneles solares en casa

Aunque no todas las casas tienen espacio o una infraestructura que lo facilite, sí que se pueden instalar en azoteas en el caso de comunidades de propietarios o en los techos de casas unifamiliares. Ubicar paneles solares en casa es una de las mejores formas de reducir la contaminación que se genera a partir de la producción de energía, ya que la energía fotovoltaica es completamente limpia y renovable.

Si bien es cierto que, hace años, la fabricación de los propios paneles fotovoltaicos implicaban un nivel de contaminación considerable, hoy en día las técnicas de fabricación han avanzado mucho, y resulta mucho más ecológico disponer de este tipo de instalaciones en nuestra propia casa que seguir dependiendo de electricidad producida a partir de la quema de combustibles fósiles como el carbón o el petróleo.

23. Usar las escaleras en lugar del ascensor

Otra forma sencilla de ahorrar electricidad y uso a las piezas del ascensor es utilizar las escaleras con más frecuencia. Si bien es cierto que no hace falta hacerlo siempre, especialmente si se trata de muchos pisos, también es igual de cierto que no tiene sentido tomar el ascensor para subir una o dos plantas de pisos. Por ello, usar el ascensor con más frecuencia es una forma sencilla y efectiva de alargar la vida útil de sus piezas y reducir el consumo energético. Además, se trata de un ejercicio sano y beneficioso que nos ayudará a estar más saludables, por lo que todo son ventajas.

24. Usar las horas valle para activar los aparatos que más energía consumen

Uno de los problemas que se derivan de la producción energética es que se necesita producir una gran cantidad de energía para dar servicio a todas las empresas y particulares que la demandan. Sin embargo, también es cierto que no a todas horas se consume energía en la misma cantidad. Estas horas de menor consumo son las denominadas como horas valle, ya que, en el gráfico, se muestra cómo desciende la demanda de energía por parte de los consumidores. No obstante, en estas horas valle también se produce mucha energía, ya que es muy complicado apagar algunas plantas productoras de energía por la noche y volver a encenderlas por la mañana.

De este modo, esta energía muchas veces se desperdicia. Por el contrario, si las aprovechamos para conectar los electrodomésticos que más consumen o aquellos que recargan su batería (lavadoras, aspiradores o radiadores eléctricos con batería incorporada) aprovechamos esa energía que, de otro modo, se perdería. Esto hace que la demanda en las horas normales sea menor y, además, las compañías distribuidoras de electricidad ofrecen tarifas en las que el consumo de la electricidad en las horas valle es más barato, por lo que, si nos adaptamos a estos horarios, además de ser más ecológicos, también conseguiremos ahorrar una importante cantidad de dinero en la factura a final de mes.

25. Comprar electrodomésticos con una eficiencia muy elevada

A la hora de adquirir un nuevo electrodoméstico, más allá del precio, es fundamental fijarse en la eficiencia energética que tenga. Esto se observa en la etiqueta de eficiencia energética que, de forma obligatoria, debe acompañar a cualquier electrodoméstico que se venda. Esta etiqueta nos indica cómo va a usar la energía el electrodoméstico en cuestión. De esta forma, dos electrodomésticos distintos, pueden conseguir cumplir la misma función. Sin embargo, uno necesitará usar más energía que el otro para conseguir el mismo resultado. Cuanta menos energía requiera, más eficiente energéticamente será el electrodoméstico en cuestión. Por este motivo, es tan importante comprar electrodomésticos que sean altamente eficientes, ya que reducen su consumo energético, lo que beneficia al medio ambiente y al bolsillo.

26. Usar la lavadora en el programa eco o lavados en frío

Otra forma de reducir el consumo energético es programar la lavadora para que lave en los programas denominados como eco o lavado en frío. Al usar estos programas, la energía que se necesita para llevar a cabo la limpieza de la ropa es menor, por lo que el impacto en el medio ambiente también se reduce.

Esto no significa que no se puedan usar los programas de la lavadora que consumen más. Sin embargo, sí que es importante adaptar el programa cada vez que se pone la lavadora. La mayoría de las veces, la ropa apenas está sucia. Por ello, con un programa eco o programa de lavado en frío bastará para que la ropa esté perfecta.

27. Limpiar el filtro de la lavadora cada cierto tiempo para aumentar su vida útil

Otro aspecto que hay que tener en cuenta en lo que respecta al uso de la lavadora es limpiar su filtro cada cierto tiempo, especialmente en aquellas regiones donde las aguas sean duras o con un alto contenido en cal. Limpiar el filtro, o cambiarlo cuando sea necesario, ayudará a alargar la vida útil de la lavadora, por lo que reduciremos el consumo al evitar tener que cambiar el electrodoméstico con mayor frecuencia de la necesaria.

28. Llenar la lavadora en cada lavado

Así mismo, también es muy importante usar la lavadora llena para amortizar tanto la energía como el agua que se consumen en cada lavado. La mayoría de las lavadoras, no adaptan su consumo a la cantidad de ropa que hay en su interior.

Por ello, para aprovechar mejor los recursos consumidos y evitar tener que poner la lavadora más veces de lo necesario, es imprescindible esperar a que esté llena antes de activar el programa de lavado.

29. Plegar la ropa antes de meterla en la lavadora para que quepan más prendas

Como continuación a lo mencionado antes, un truco que nos va a ayudar a que quepa más ropa en la lavadora es doblarla antes de meterla. Para ello, basta con doblarla de una forma parecida a como se hace cuando se va a guardar en el armario. El tambor de la lavadora, así como el jabón, se encargarán de eliminar las manchas y la suciedad de la ropa, pero esta no necesita tener un espacio extra para moverse durante el lavado. Por ello, doblando o plegando la ropa, conseguimos amortizar aún más el agua y la energía que consumimos en cada lavado.

30. Secar la ropa al aire y no usar la secadora

Usar la secadora consume energía. Por el contrario, si tendemos la ropa en una cuerda, tanto si es al aire libre como en un interior, la ropa terminará secándose por sí sola. Lo único que será necesario será esperar más tiempo que cuando se usa la secadora. Sin embargo, esto nos permitirá ahorrar electricidad, por lo que conviene hacerlo siempre que sea posible.

31. Usar la secadora solo cuando sea necesario y hacerlo cuando esté llena

Como ya hemos mencionado con anterioridad, el uso de la secadora consume energía y siempre será mejor dejar que la ropa se seque al aire libre. Sin embargo, especialmente en entornos donde la humedad es especialmente elevada, el uso de la secadora puede ser más común que en otros lugares. Si realmente es necesario usar la secadora, hay que tener en cuenta que, por lo menos, se deberá hacer con la secadora llena, igual que sucede con la lavadora. De esta forma, se amortiza mucho más la energía consumida, por lo que el impacto medioambiental es menor.

32. Planchar solo lo necesario para ahorrar energía

Otra forma de ahorrar energía es reduciendo el uso de la plancha lo más posible. En este sentido, es importante no planchar aquellas prendas que realmente no lo necesitan, como pueden ser tejidos que no sean algodón puro o, incluso, prendas como camisetas o pantalones vaqueros. Así mismo, también es importante preguntarse si es realmente necesario planchar la ropa de casa, tal como sucede con las toallas o sábanas. Finalmente, otra forma que vamos a tener de ahorrar una gran cantidad de energía y tiempo en el planchado pasa por tender correctamente algunas prendas de ropa. Por ejemplo, si colocamos las camisas en perchas mientras se están secando después del lavado, no quedarán tan arrugadas, lo que, la mayoría de las veces, nos permitirá no tener que usar la plancha ni siquiera en estos casos.

33. Al cocinar, aprovechar el calor residual de las sartenes y cazos

Otro consejo que tenemos que tener en cuenta en casa es que, en la cocina, debemos aprovechar el calor residual que quedan en cazos y sartenes cuando cocinamos. Este calor es el que se mantiene en las sartenes incluso después de apagar el fuego. A pesar de que el fuego esté apagado, como la sartén todavía está caliente, la comida se seguirá cocinando durante uno o dos minutos más. Si apagamos el fuego un poco antes y aprovechamos este calor residual, ahorraremos un poco de energía, lo que, sumado a hacerlo todos los días, supondrá una diferencia importante.

34. Usar sartenes de hierro fundido, acero inoxidable o esmalte vidriado

Sin salir de la cocina, el siguiente consejo es el relativo a los instrumentos que usemos para cocinar. Tanto a la hora de usar las sartenes como los cazos o cazuelas, es importante seleccionar los materiales más adecuados para nuestra salud y para el medio ambiente. En este sentido, lo más recomendable es usar materiales naturales y que no hayan sido modificados químicamente. Nos referimos a las sartenes de hierro fundido, acero inoxidable o acabadas en un esmalte vidriado saludable. Estos materiales no desprenden partículas tóxicas durante la cocción y, además, cuentan con una vida útil muy larga y, cuando se tiran, se pueden reciclar con bastante facilidad. Por el contrario, es importante evitar las sartenes que llevan sustancias antiadherentes como el teflón, ya que con las altas temperaturas, o si la superficie se raya, emiten sustancias químicas sintéticas perjudiciales para la salud y para el medio ambiente.

35. Adaptar la temperatura de la nevera a la realmente necesaria

Una de las formas en que más podemos ahorrar con la nevera es ajustar la temperatura a la que es realmente necesaria para mantener los alimentos en buen estado. Por lo general, una temperatura cercana a los 5 ó 6 grados centígrados es más que suficiente para mantener la comida en buen estado. Por ello, no hay necesidad de que el frigorífico se termine convirtiendo en un segundo congelador, ya que, además de consumir mucha más energía, también podría poner en riesgo el buen estado de algunos alimentos.

36. No guardar en el frigorífico los productos que no necesitan frío

Así mismo, otro aspecto que tenemos que tener en cuenta cuando se trata de reducir el consumo energético del frigorífico o nevera es que, a mayor cantidad de alimentos en su interior, mayor consumo eléctrico. Debido a esto, es importante no meter dentro alimentos que no se vayan a consumir o que no necesiten estar en frío. En este sentido, podemos limitar las bebidas a solo la cantidad necesaria para el consumo que vamos a realizar, así como evitar meter productos como legumbres u otros alimentos que se mantienen en buen estado a la temperatura ambiente.

37. Dejar que los platos calientes se enfríen fuera del frigorífico

Otra forma de evitar que el frigorífico tenga que aumentar su consumo energético de forma innecesaria es dejar que los platos calientes se enfríen a temperatura ambiente antes de meterlos en la nevera. Por ejemplo, si después de cocinar guardamos parte de la comida en una tartera, es mejor dejar la tartera fuera de la nevera hasta que se enfríe y, cuando ya esté a temperatura ambiente, meterla dentro de la nevera. Al evitar el choque térmico, el frigorífico no se ve obligado a aumentar su consumo energético de forma excepcional, por lo que resulta mucho más eficiente.

38. Pensar qué se va a tomar del frigorífico antes de abrir la puerta y mantener abierta el menor tiempo posible

Así mismo, es fundamental evitar tener la puerta de la nevera abierta durante mucho tiempo. Cuando se hace esto, el aire frío y la temperatura del interior salen al exterior, lo que obliga al frigorífico a tener que consumir más electricidad para volver a enfriar el interior. Por el contrario, si pensamos qué vamos a tomar de la nevera antes de abrirla, así como si mantenemos la puerta abierta el menor tiempo posible, reduciremos el consumo energético de este electrodoméstico fundamental en cualquier casa.

39. Escoger entre lavar a mano o en lavavajillas según cada caso

A la hora de lavar los platos, según la forma en la que lo hagamos, gastaremos más o menos recursos si usamos el lavavajillas o si lavamos a mano. Por lo general, hay que tener en cuenta que el lavavajillas solo se deberá usar cuando sean muchos los platos y utensilios de cocina que se tengan que lavar. Si se trata de poca cantidad, lo mejor es hacerlo a mano, manteniendo el grifo abierto el menor tiempo posible.

Por otro lado, también hay que tener en cuenta que, al lavar a mano, una gran parte del trabajo de limpieza lo ejecutamos al frotar los platos. Esto hace que los jabones que tengan que usarse para lavar a mano sean menos agresivos y, por lo tanto, menos contaminantes. Por el contrario, al lavar con el lavavajillas, este trabajo se tiene que hacer todo a través del jabón químico del lavavajillas, lo que obliga a que sean jabones muy corrosivos y contaminantes. Si finalmente se usa el lavavajillas, lo más aconsejable es escoger pastillas de jabón para lavavajillas que sean naturales y ecológicos, lo que ayudará a que no contaminen el agua cuando lleguen a los ríos y los mares.

40. Usar agua hirviendo para limpiar las tuberías

Una forma para mantener limpias las tuberías tanto del fregadero como de los distintos sanitarios del baño de casa es usar agua hirviendo. Hoy en día existen multitud de limpiatuberías formulados a partir de productos químicos sintéticos. Son muy efectivos, pero también altamente contaminantes. Si queremos evitar su uso, una de las formas más sencillas de limpiar las tuberías de casa es poner en una olla agua a hervir y, justo cuando esté a punto de ebullición, verterla con cuidado por el desagüe que se quiere limpiar. Este método es sencillo y muy eficiente, ya que elimina suciedad, mal olor y desinfecta sin necesidad de tener que usar productos muy contaminantes que, después, terminan diluidos en las aguas de los ríos y los mares.

41. Evitar las carpinterías de aluminio, mejor de madera o PVC

Uno de los elementos que más van a ayudar a ahorrar energía es contar con un buen aislamiento térmico en casa. En este sentido, tanto si es verano como invierno, el aislamiento térmico de la casa va a ser uno de los factores fundamentales que nos van a ayudar a mejorar la eficiencia de la climatización. Es decir, que gastando menos energía obtengamos la temperatura perfecta en cada situación.

En este sentido, un factor fundamental que es muy importante para tener un buen aislamiento térmico son las ventanas. Una de las formas que más nos puede ayudar a reducir nuestro impacto en el medio ambiente es cambiar las ventanas de aluminio (un material que no aísla casi nada) por otras de madera o de PVC, dos de los materiales que mejor aíslan térmicamente. Además, si escogemos cristales con doble cristal y rotura de puente térmico, el aislamiento térmico será perfecto.

42. Evitar cambiar los productos tecnológicos antes de que se rompan

Otro de los factores que tenemos que tener en cuenta para reducir nuestro impacto en el medio ambiente es evitar deshacernos de los productos tecnológicos antes de que terminen su vida útil. Tanto si estamos hablando de televisores como de ordenadores, tabletas o teléfonos móviles, es importante usarlos todo el tiempo que sea posible y, sobre todo, evitar comprar nuevos productos tecnológicos si no nos hacen falta o hasta que los que ya tenemos dejen de funcionar.

Hoy en día, la industria tecnológica se moderniza con mucha rapidez. Sin embargo, cambiar de productos tecnológicos a esa velocidad produce ingentes cantidades de basura tecnológica que, al llevar muchos metales pesados, constituye un contaminante muy importante tanto de suelos como de aguas e, incluso, del mismo aire cuando estos materiales se queman y expulsan gases tóxicos a la atmósfera.

43. Reparar los productos tecnológicos siempre que se pueda

Continuado con lo ya mencionado respecto al uso de los productos tecnológicos, uno de los elementos que tenemos que tener en cuenta es que, cuando un producto tecnológico se rompe, se puede arreglar. Hoy en día, se trata de una práctica que está en desuso. De hecho, son muchas las empresas fabricantes que ponen dificultades a los consumidores para que puedan reparar sus productos, lo que les facilita que estos consumidores compren productos nuevos, llevándose dichas empresas unos beneficios pingües y nada desdeñables. Por esto, a la hora de escoger un producto tecnológico, es también importante asegurarse de que sea un producto que se va a poder reparar cuando se averíe, ya sea en las empresas oficiales o en las que no lo son. El objetivo, debe ser siempre alargar lo más posible el uso de los productos tecnológicos, lo que nos ayudará a reducir la cantidad de basura tecnológica que se produce. Reparar un producto tecnológico es una de las mejores formas de aplicar las tres erres ya mencionadas con anterioridad.

44. Evitar comprar productos tecnológicos innecesarios

Así mismo, teniendo en cuenta la alta tasa de contaminación que producen los productos tecnológicos, antes de comprar uno nuevo, conviene preguntarse si realmente lo necesitamos. En la mayoría de los casos, las funciones que cumplen muchos *gadgets* que se ponen de moda son funciones que se pueden realizar perfectamente con los ordenadores o teléfonos que ya disponemos. Por ello, lo más aconsejable es evitar su compra, ya que son productos tecnológicos que contaminan y que pasarán de moda con mucha rapidez. Si podemos evitar su consumo mejor.

45. Comprar productos tecnológicos de segunda mano

Así mismo, cuando realmente tengamos que comprar productos tecnológicos, una de las opciones que deberemos plantearnos es si realmente es necesario que sean productos de primera mano. Muchos de los productos tecnológicos que se eliminan pasan a convertirse en basura tecnológica. Sin embargo, también existe la opción de reacondicionarlos. Esto significa que se arreglan y se les vuelven a instalar los programas básicos que tiene cada uno de dichos productos tecnológicos y, en consecuencia, aunque sean de segunda mano, funcionan igual de bien que como si fueran nuevos. Comprar productos tecnológicos de segunda mano reacondicionados es una forma perfecta de minimizar el impacto en el medio ambiente y, además, será una compra considerablemente más económica.

46. Evitar los productos con pilas

Sin abandonar el mundo de la tecnología, otro consejo ecológico que tenemos que practicar es evitar adquirir productos tecnológicos que funcionen a base de pilas (los teclados o ratones de ordenador son un buen ejemplo). Las pilas son productos altamente contaminantes y que, aunque se pueden reciclar, su reciclaje es muy costoso e implica un consumo elevado de energía. Además, una gran cantidad de las pilas que se usan en el mundo no se reciclan, por lo que terminan en el medio ambiente, contaminando el suelo y el agua con los metales pesados que contienen en su interior. Por eso, ante la duda, se debe escoger siempre mejor productos que usen baterías recargables o que se conecten directamente a una fuente de alimentación a través de un cable.

47. Si se usan pilas, que sean recargables

A continuación de lo mencionado con anterioridad, aunque hemos dicho que las pilas deben evitarse siempre que sea posible, si efectivamente no queda otro remedio que utilizarlas, se debe escoger siempre pilas que sean recargables. Este tipo de pilas se pueden recargar en nuestra propia casa mediante un adaptador que se conecta a un enchufe y recarga la pila. Su vida útil es considerablemente menor que la de una batería. Sin embargo, en conjunto, tienen un impacto medioambiental menor que las pilas de usar y tirar, por lo que son preferibles si no queda otra opción.

48. Asegurar el buen aislamiento de puertas y ventanas

Ya hemos hablado de la importancia de contar con un buen aislamiento usando ventanas de materiales y estructuras adecuadas. Sin embargo, otro de los factores que tenemos que tener en cuenta cuando se trata del aislamiento de una casa es que, además de las ventanas, también habrá que aislar correctamente las puertas exteriores y los marcos de las propias ventanas. En este sentido, es fundamental asegurarse de que no existen fugas en la pared junto a la ventana, ya que, en estos casos, no servirá de nada contar con ventanas de buena calidad si el calor o el frío se escapa por una pared agrietada.

Así mismo, respecto a las puertas, es importante escoger materiales que eviten las fugas térmicas a través de las mismas. Además, también es importante asegurarse de que tanto la puerta como el propio marco no presentan espacios abiertos que constituyan fugas de la temperatura. En el caso de las puertas de la calle, suele ser habitual que cuenten con un espacio considerable entre el suelo y la propia hoja de la puerta. En estos casos, lo más aconsejable será colocar una tira de un material aislante en la parte inferior de la puerta, que evitará que las fugas térmicas sean tan acusadas. Así mismo, también se podrá cambiar la puerta en su conjunto por una de mejor calidad y de materiales respetuosos con el medio ambiente y que constituyan un buen aislante en todos los sentidos.

49. Poner el aire acondicionado por encima de los 25 grados centígrados

Respecto al uso del aire acondicionado en verano, hay que tener en cuenta que, cuanto más frío produzca, más energía consumirá. Por lo general, hay que tener en cuenta que el ser humano puede soportar sin demasiados problemas temperaturas inferiores a los 30 grados centígrados. Esto significa que, si no se ha alcanzado esta temperatura ambiental o una temperatura mayor, el uso del aire acondicionado está completamente desaconsejado, ya que bastará con adecuar la ropa a esta temperatura.

Así mismo, cuando sea necesario conectar el aire acondicionado porque efectivamente las temperaturas superen la barrera de los 30 grados centígrados, habrá que hacerlo siempre a una temperatura que esté en torno a los 25 grados centígrados. Con esta temperatura, se notará una diferencia térmica de 5 grados o más, lo que permitirá que sea una temperatura perfectamente soportable.

Pensemos que lo que no tiene ningún sentido es tener que utilizar ropa de invierno en verano porque los aires acondicionados están funcionando a pleno rendimiento. Es algo que parece bastante lógico, pero que vemos que se repite año tras año tanto en casas como en lugares de trabajo.

50. Cerrar los radiadores que no se necesiten

Por el lado contrario al aire acondicionado, nos encontramos con un uso indebido de la calefacción. Hoy en día existen muchos tipos de calefacción y de fuentes de energía que se usan para suministrar calor durante los meses de invierno. Independientemente del sistema que se use, lo correcto será encontrar una temperatura adecuada a las necesidades de las personas y animales que haya en casa. En este sentido, lo más probable es que no se necesite tener abiertos todos los radiadores de la casa e, incluso, que no sea necesario tenerlos abiertos a la máxima potencia. Por ello, antes que abrir las ventanas por un exceso de calor producido por la calefacción, es mucho mejor cerrar aquellos radiadores que sean innecesarios, así como poner a menos temperatura aquellos que sí que permanezcan abiertos.

51. Usar ropa de casa adecuada a cada estación del año

Así mismo, una de las cosas que tenemos que tener en cuenta para ahorrar energía en casa en lo que respecta a la climatización es la ropa que utilicemos a lo largo del año. No es la misma ropa la que debe usarse en verano que en invierno, así como la propia de las estaciones de primavera y otoño. Por ello, adaptando la ropa que utilizamos a la temperatura exterior, conseguiremos reducir el consumo energético en climatización, lo que evitará también un importante impacto en el medio ambiente.

Por otro lado, además de usar la ropa adecuada, también deberemos hacerlo en lo que respecta la ropa de cama, usando sábanas frescas en verano y mantas que abriguen bastante en invierno.

52. Usar alfombras y cortinas en invierno

Por otro lado, una de las formas de mejorar el aislamiento térmico, especialmente en invierno, es incluir el uso de cortinas y alfombras en casa durante las estaciones frías. Estos elementos de la casa, además de ser decorativos, también cumplen una función de aislamiento térmico muy importante, ya que evitan gran parte de las fugas térmicas en las ventanas en el caso de las cortinas, y evitan que los suelos estén fríos en el caso de las alfombras. Usarlas de forma adecuada nos ayudará a conseguir una casa más templada sin necesidad de aumentar el gasto energético.

53. Bajar las persianas y cortinas durante las horas de más calor en verano

Así mismo, otro factor importante que nos va a ayudar a mejorar el aislamiento térmico, en este caso en verano, es el uso de las persianas y de las cortinas durante las horas más calientes del día. Bajando las persianas y las cortinas, además de evitar que entre gran parte de la luz, también conseguiremos evitar que entre el calor de las horas centrales del día. De este modo, se reducirá la dependencia del aire acondicionado, y conseguiremos una casa más fresca sin necesidad de un consumo energético tan elevado.

54. Bajar la calefacción media hora antes de irse a dormir

Durante la noche la calefacción suele apagarse, ya que la actividad nocturna no requiere temperaturas tan elevadas como durante el día. Una forma de conseguir ahorrar un poco más de energía consiste en apagar la calefacción no cuando nos vamos a dormir, sino hacerlo media hora antes, o incluso una hora si las condiciones climáticas lo permiten. De este modo, aprovechamos el calor residual de la calefacción sin necesidad de consumir más energía, lo que supone un ahorro considerable durante los meses de invierno.

55. Cerrar contraventanas y correr las cortinas antes de irse a dormir en las estaciones frías

Otra forma de conseguir mejorar la temperatura de la casa durante las noches de invierno es cerrar las contraventanas y correr las cortinas. Al colocar nuevas capas en las ventanas, uno de los puntos que más fugas térmicas presentan en cualquier vivienda, conseguimos mejorar el aislamiento térmico. Esto se traduce en una habitación que conserva el calor mejor durante toda la noche, lo que, en los meses de invierno, será de gran ayuda para consumir menos energía y contaminar menos.

56. Usar tejidos biológicos para la ropa de cama

Otro consejo ecológico que debemos seguir es usar ropa de cama que esté desarrollada a partir de tejidos biológicos. Es decir, a partir de tejidos naturales como pueden ser el algodón o la lana. Estos tejidos son mucho más respetuosos con el medio ambiente y, además, ayudan a dormir mejor al permitir que el aire circule mejor a través de ellos. Además, al estar desarrollados íntegramente a partir de fibras naturales, no son dañinos para el medio ambiente cuando se eliminan.

57. Separar la basura para reciclarla

Uno de los consejos básicos que tenemos que seguir para hacer de nuestra casa una casa más ecológica es el de separar la basura para poder reciclarla. Para ello, lo más aconsejable será separarla en cubos de basura, que deberemos distribuir de la forma más eficiente y efectiva posible en casa según la estructura y forma de la vivienda en cada caso. Los cubos de basura que se deberán tener para realizar un reciclaje lo más completo posible serán: cubo de plásticos y envases, cubo de vidrio, cubo de papel, cubo de restos orgánicos y cubo de basura no reciclable.

58. Guardar basura para reciclar en un sitio que no sea la cocina

Continuando con los consejos relacionados con el reciclaje en casa, uno de los problemas más comunes suele pasar por la falta de espacio en la cocina para tener todos los cubos necesarios para realizarlo. En este sentido, una buena solución pasa por encontrar otro lugar donde colocar ciertos residuos que no produzcan olor y que no se lleven al contenedor con tanta frecuencia. Esto se puede hacer especialmente con los vidrios y el papel y el cartón. Una posible solución pasa por sustituir el cubo por, simplemente, una bolsa de reciclaje, lo que ayuda a que ocupe menos espacio. Se pueden ubicar en la entrada de la casa, en la terraza o en el garaje. De esta manera, se liberará gran parte del espacio de la cocina, lo que facilitará que el reciclaje se lleve a cabo de forma más regular y completa.

59. Aplastar los envases antes de echarlos al cubo de la basura

Una forma de aprovechar mejor las bolsas de basura, especialmente aquellas que contienen envases, es aplastando los residuos para que ocupen menos espacio dentro de la propia bolsa. Gracias a esto, reducimos el consumo de las bolsas de basura, lo que, además de beneficiar al medio ambiente, también beneficia nuestro bolsillo.

60. Usar bolsas de basura del mismo material que se vaya a reciclar

Otro aspecto que tenemos que tener en cuenta a la hora de reciclar la basura, es la posibilidad de usar bolsas de basura del mismo material que vayamos a reciclar. Esto se suele aplicar en el caso de las basuras de plásticos y envases, pero no así en el resto.

Una solución que puede facilitar el reciclado es usar una bolsa de papel para guardar en ella el papel y el cartón que vayamos a reciclar y, antes de ir a llevarla al contenedor, meter en ella también los vidrios. Al llegar al contenedor, echaremos los vidrios en el contenedor del cristal, mientras que la bolsa de papel, con el resto de papel y cartón en su interior, irá directamente al contenedor de reciclaje de papel. Se trata de una forma sencilla pero muy efectiva de facilitar el reciclaje en casa, por lo que es muy recomendable adoptarla y evitar que el reciclaje pueda convertirse en un hábito que dé pereza.

61. Indicar en el buzón que no se acepta publicidad o propaganda

La publicidad impresa o propaganda es uno de los métodos menos efectivos para darse a conocer. Se introduce de forma indiscriminada en todos los buzones en lugar de hacerlo en aquellos que sí que podrían tener interés en lo que se publicita y, además, implica el desperdicio de grandes cantidades de papel. Aunque no es ninguna garantía de que dejemos de recibirla, colocar una señal en el buzón que diga que no se acepta publicidad suele ayudar a que se use menos este tipo de estrategia publicitaria.

Por otro lado, en el caso de las casas que sean un bloque de pisos o apartamentos, se puede colocar un pequeño buzón comunitario o espacio adicional para este tipo de publicidad. De esta forma, solo se deberían depositar unos pocos folletos en su interior, ya que solo los tomarían aquellas personas que realmente estén interesadas en el bien o servicio que se está publicitando.

62. Rechazar las publicaciones en papel de un solo uso

El papel no deja de ser un producto contaminante. Aunque esté fabricado a partir de celulosa, también contiene otras sustancias químicas sintéticas que, al descomponerse, contaminan el medio ambiente. Además, para su fabricación es necesario usar madera, lo que provoca la deforestación de amplias zonas que son usadas para el cultivo de dichas plantaciones. Por ello, lo mejor es reducir su uso siempre que sea posible. En este sentido, lo más recomendable es usar publicaciones en formato digital en lugar de hacerlo en papel, ya que evitamos tener que producir ese material. Esto es especialmente útil en el caso de las revistas, así como en todas las publicaciones que se pueden catalogar como de un solo uso, ya que son las que menos utilidad tienen y las que más cantidad de residuos producen.

63. Libros de segunda mano o comprados entre varios

Aunque decantarse por los libros electrónicos es la mejor forma de reducir el consumo de papel, una opción para poder utilizar libros en papel sin aumentar el impacto en el medio ambiente es adquirirlos de segunda mano o hacerlo entre varios. Al comprarlos de segunda mano, reutilizamos un libro que ya ha sido impreso, por lo que ampliamos su vida útil sin ejercer más presión en el medio ambiente. Así mismo, si adquirimos un libro entre varias personas, se reduce el impacto medioambiental, ya que, con una misma unidad del libro, podrán leerla diferentes personas sin necesidad de consumir más recursos naturales.

64. Preferir el transporte público a cualquier otro

Uno de los sectores que más contamina y que mayor impacto tiene en el medio ambiente es el del transporte. Debido a esto, la opción más sensata y la que más reduce el impacto en el planeta es escoger el transporte público siempre que sea posible. El transporte público tiene la capacidad de responder a las necesidades de transporte de una gran cantidad de personas al mismo tiempo y amortizando al máximo los recursos que se invierten en dicho transporte. Por ello, optar por el tren o el autobús es una de las mejores formas de reducir en impacto medioambiental que tiene esta actividad.

65. Moverse en bicicleta si es posible

Otra alternativa ecológica que nos permite desplazarnos de forma respetuosa con el medio ambiente es el uso de la bicicleta. Este medio de transporte es completamente limpio y nos permite recorrer mayores distancias que si lo hacemos a pie. Por ello, si tu ciudad está preparada para poder hacerlo en las condiciones adecuadas y necesarias para garantizar la seguridad de su uso, se trata de una de las rutinas de transporte que deberías incorporar a tu vida diaria.

66. Usar el coche compartido o de alta ocupación

Aunque lo mejor para reducir el impacto medioambiental del sector del transporte sea hacer uso del transporte público o la bicicleta, habrá ocasiones en las que se termine usando el coche. Cuando esto sucede, es muy importante hacerlo de la forma más eficiente posible. Es decir, aprovechando al máximo el desplazamiento para minimizar el impacto. De esta forma, es mejor usar un vehículo privado cuando está lleno y evitar hacerlo si solo está ocupado por una única persona.

El vehículo privado contamina igual al hacer un trayecto, independientemente de si va lleno o casi vacío. Por ello, es recomendable juntarse entre varias personas que tengan que hacer el mismo recorrido para amortizar al máximo el trayecto, por ejemplo cuando se va de vacaciones o al trabajo.

67. Ir andando a los sitios siempre que sea posible

Así mismo, otro de los medios de transporte que no podemos olvidar es el simple hecho de ir andando a los sitios. Naturalmente, se trata de una opción que no siempre será viable. No obstante, siempre que se pueda, es una opción que deberemos valorar, ya que, además de ser limpia y ecológica, también es muy recomendable para nuestra salud.

68. Evitar el uso del avión siempre que sea posible

Aunque sea un medio de transporte muy popular, gracias especialmente a los nuevos precios muy baratos, se trata de uno de los medios de transporte que más contamina. Los aviones liberan toneladas de gases de efecto invernadero a la atmósfera cada año. Por esto, se trata de un medio de transporte que se debería evitar siempre que sea posible en favor de otros medios de transporte más sostenibles, como por ejemplo sucede con los trenes.

Así mismo, otro factor a tener en cuenta es modificar los destinos de nuestras vacaciones. Si necesitamos usar el avión para ir de vacaciones a un lugar determinado, es posible que debamos replantearnos la posibilidad de ir de vacaciones a un destino más cercano y que no requiera del uso de uno de los medios de transporte más contaminantes que existen en la actualidad.

69. Evitar las vacaciones en cruceros

Al igual que sucede con los aviones, los cruceros son uno de los destinos turísticos que deberíamos evitar si queremos ser sostenibles y ecológicos. Los cruceros son megaciudades flotantes que consumen cantidades ingentes de energía para desplazarse por el mar. Además de que esto conlleva la generación de elevadísimas cantidades de gases de efecto invernadero, también hay que tener en cuenta la basura que producen.

La inmensa mayoría de esa basura termina en el mar en forma de aguas fecales y otros compuestos que no se degradan con facilidad, como por ejemplo diferentes tipos de plásticos. Por ello, si quieres ser una persona ecológica, debes prescindir de realizar este tipo de vacaciones debido al altísimo nivel de contaminación que conllevan.

70. Alquilar un coche para los viajes y las vacaciones

Cuando se trate de realizar viajes y vacaciones, una opción disponible que no se debe perder de vista es la de alquilar un coche. Tener un vehículo particular privado es algo muy caro y muy contaminante. Por ello, lo mejor es adoptar un estilo de vida en el que se prescinda de este tipo de propiedad. Sin embargo, si algún día es necesario contar con un coche, esto no supondrá un problema, ya que se pueden alquilar tanto por horas como por días. Además de ser más respetuoso con el medio ambiente, será más económico que contar con un coche propio.

71. Si se necesita un coche, comprar uno eléctrico o híbrido

Aunque, como hemos dicho, la mejor opción a la hora de ser ecológicos en el transporte pasa por el uso del transporte público o sistemas no contaminantes como la bicicleta o ir andando, si se va a adquirir un vehículo privado, la mejor opción para hacerlo son los coches eléctricos o los híbridos.

Los coches eléctricos, como su nombre indica, no utilizan gasolina o combustibles similares, sino electricidad. De este modo, se trata de vehículos que no contaminan en su funcionamiento, lo que favorece tanto al medio ambiente en su conjunto como a la salud de las personas en las ciudades por donde circulan. Así mismo, también es importante tener en cuenta la procedencia de la electricidad con la que se cargan este tipo de coches. Lo mejor que se puede hacer en estos casos, es contactar con la distribuidora eléctrica y solicitar una tarifa de energía ecológica o verde. De este modo, será un coche 100% ecológico.

En el caso de los coches híbridos, se trata de vehículos que pueden funcionar tanto con electricidad como con combustibles contaminantes. Sin duda, son una opción menos ecológica que los coches eléctricos. En este caso, lo más habitual es que el modo eléctrico se utilice para las distancias cortas y el modo gasolina para las largas distancias. Aunque no sean la opción más respetuosa con el medio ambiente que podemos escoger, siempre serán una opción menos dañina que los vehículos tradicionales, por lo que conviene informarse sobre esta opción si se va a adquirir un vehículo privado.

72. Usar diferentes formas de transporte según el trayecto

Otro de los aspectos que tenemos que tener en cuenta a la hora de ser más ecológicos en nuestro transporte diario y ocasional (por ejemplo en vacaciones), es entender que no es necesario limitarse a un único sistema de transporte. De hecho, combinando diferentes sistemas (tren, autobús, bicicleta, coche compartido, ferry, etc.), podemos conseguir hacer que nuestros desplazamientos sean mucho más responsables con el medio ambiente. En este sentido, pararse unos minutos y dedicarle cierto tiempo a analizar y estudiar todas las opciones disponibles es en una buena costumbre que nos ayudará a tomar la mejor decisión posible comparando todas las opciones disponibles en cada caso.

73. Salir un poco antes de casa para asegurarse de llegar a tiempo

Así mismo, otro de los factores que tendríamos que tener en cuenta a la hora de desplazarnos es salir de casa con tiempo suficiente para no llegar tarde. Esto es aplicable sobre todo a la hora de usar el transporte público. En muchas ocasiones, estos sistemas de transporte pueden sufrir retrasos o averías. Para minimizar estos inconvenientes, y seguir usando el transporte público, lo mejor es contar con 5 ó 10 minutos extra.

74. Aprovechar los trayectos en transporte público

Continuando con los consejos relacionados con el uso del transporte público, cuando se use este medio de transporte, conviene intentar aprovechar lo más posible los trayectos. En el transporte público, los usuarios no tienen que conducir por sí mismos el medio de transporte, lo que les puede crear la sensación de aburrimiento y, en ocasiones, tentarles a usar otros medios de transporte más contaminantes. Para evitar esto, lo más aconsejable es buscarse algún pasatiempo para realizar durante el trayecto. Existen muchas opciones aunque, de todas ellas, la más recomendable es la lectura, ya que, además de aprovechar el trayecto, contribuiremos a nuestro mejoramiento personal con una de las actividades más saludables que podemos llevar a cabo para la mente.

75. Llevar tu propia bolsa o capazo de casa

Cuando se vaya a la compra, tanto si se trata de una gran superficie como de un mercado tradicional, es imprescindible llevar nuestra propia bolsa o capazo de casa. Esta es la mejor manera de evitar el uso de bolsas de un solo uso que, en el caso de las bolsas de plástico, constituyen uno de los principales problemas de contaminación de la naturaleza, sobre todo de los mares. Se trata de un gesto sencillo que, además, cada vez es más habitual en las tiendas de todo tipo.

76. Usar bolsas reutilizables para la fruta y la verdura o no usar bolsa

Al igual que debemos llevar nuestra propia bolsa o capazo de casa a la compra, también es importante que usemos bolsas reutilizables para la fruta o la verdura. Lo más común es que la fruta y la verdura se vendan al peso y, para ello, es necesario meterlas en bolsas antes de ponerlas en la báscula. Sin embargo, la mayoría de estas bolsas son de plástico, un material muy contaminante. Por ello, para evitar tener que usar estas bolsas de un solo uso, podemos adquirir bolsas reutilizables para pesar la fruta y la verdura. Se trata de bolsas que muchos supermercados ofrecen y que, además, permiten ser usadas una y otra vez sin dificultad de ningún tipo.

Por otro lado, también se puede adaptar la compra de algunos productos para que no necesiten usar bolsa cuando se pesan. Si pensamos en frutas como los plátanos o las bananas, muchas veces, al estar unidos en un único manojo, se pueden pesar sin necesidad de usar bolsa.

77. Hacer una lista de la compra

Otro de los elementos que tenemos que tener en cuenta para hacer una compra ecológica y sostenible cuando vayamos al mercado o supermercado es ir con una lista de la compra hecha en casa. Al tener una lista de la compra hecha desde el principio, evitamos comprar aquellos productos que no necesitamos o que se antojan al verlos en el establecimiento. Además, tener una lista de la compra también nos permite organizar mejor la propia compra, con lo que podremos seleccionar desde el principio artículos ecológicos y más respetuosos con el medio ambiente.

78. Dar prioridad a los productos locales

Uno de los aspectos que tenemos que tener en cuenta cuando hagamos la compra es escoger antes los productos locales o cercanos que los que son traídos de lugares lejanos. Esto se debe a que, al seleccionar productos locales o cercanos, evitamos que hayan tenido que realizar un transporte muy largo (muchas veces en avión). De esta manera, reducimos la emisión de gases de efecto invernadero que se deriva del transporte de esos productos, por lo que es una forma importante de contribuir a reducir el impacto en el medio ambiente y en el planeta.

79. Dar prioridad a los productos ecológicos o de agricultura biológica

Otro aspecto importante que tenemos que tener en cuenta cuando hagamos la compra es escoger productos ecológicos o de agricultura biológica. Este tipo de productos se generan sin usar elementos químicos sintéticos en su producción (por ejemplo, pesticidas, herbicidas, abonos, etc.). Esto implica una doble ventaja. Por un lado, son productos más saludables, ya que evitamos el consumo de estas sustancias químicas sintéticas que, si bien es cierto que suelen estar presentes en cantidades que no son peligrosas, también es cierto que eso no significa que sean completamente inocuas en nuestro organismo. Por otro lado, se trata de productos que, al no llevar estos componentes, no contaminan el medio ambiente tanto durante su producción como después de su consumo. En este sentido, uno de los aspectos más importantes que tienen los productos de agricultura ecológica es que no usan pesticidas dañinos para los insectos polinizadores, como son por ejemplo las abejas.

80. Escoger los productos que dejen menos residuos

Por otro lado, otro de los elementos que tenemos que tener en cuenta cuando vayamos a la compra es adquirir aquellos productos que vayan a generar menos residuos. En este sentido, lo más importante es fijarse en el envase, y escoger aquel producto que genere menos residuos, que los residuos que genere sean lo menos contaminantes posibles y, si es posible, que no generen residuos de ningún tipo. Un buen ejemplo lo encontramos en la fruta. En muchos supermercados podemos encontrar fruta que se ofrece directamente al consumidor y fruta que viene envuelta en papel de plástico y sobre una bandeja. En estos casos, lo mejor será seleccionar la fruta que se ofrece directamente, sin plástico ni bandeja, ya que son residuos completamente innecesarios y que el supermercado debería evitar incluir en un producto como este.

81. Aprovechar el viaje a la compra si se va en coche

Aunque lo preferible sería no usar el vehículo particular, si se usa para ir a la compra, es importante amortizar el viaje al máximo. Es decir, usarlo para hacer grandes compras en lugar de hacer compras pequeñas o de productos individuales. De este modo, se harán menos viajes, ya que, en un único viaje, se conseguirán todos los productos necesarios. De esta forma, se reducirá el uso del coche en su conjunto, con lo que también se reducirá el impacto que este tenga en el medio ambiente.

82. Desconfiar del diseño de los envases y fiarse solo de las etiquetas oficiales

Uno de los aspectos que también tenemos que tener en cuenta cuando hagamos la compra es no fiarnos de los envases, al menos de la primera imagen que veamos. Los productores quieren que compremos su producto y, para ello, adaptan los diseños de forma que podamos pensar que son lo más saludables y ecológicos posible. De este modo, tientan al consumidor con colores atractivos y palabras como "natural". Sin embargo, esto no implica que el producto que tengamos delante sea realmente ecológico ni respetuoso con el medio ambiente. Por ello, para no equivocarnos, deberemos buscar siempre los etiquetados oficiales, es decir, aquellos que estén reconocidos por una autoridad competente y ajena al propio fabricante.

83. Comprar a granel siempre que se pueda

Una de las formas más efectivas de reducir nuestro impacto en el medio ambiente pasa por evitar los productos con múltiples envases y, en su lugar, adquirir productos a granel. Los productos a granel, ya sean legumbres, cereales, frutas desecadas o cualquier otro tipo de alimento, evitan generar tantos residuos como cuando se adquieren en otros formatos. Además, las bolsas en las que se suelen vender estos productos normalmente son de papel, un material menos dañino para el medio ambiente que el plástico. De hecho, si en vez de usar una nueva bolsa llevamos nuestras propias bolsas de compra a granel desde casa, el impacto al medio ambiente se reducirá de forma todavía más considerable.

84. Evitar productos que impliquen deforestación para su producción

Por otro lado, es importante evitar ciertos productos que están asociados a la deforestación. Un buen ejemplo de ello son los productos que se fabrican a partir de aceite de palma o que incluyen este aceite entre sus ingredientes. Este aceite se cultiva en regiones tropicales y, para conseguir campos de cultivo, se deforestan grandes cantidades de selva tropical a lo largo de todo el mundo. En su lugar, es mucho más recomendable adquirir productos que sustituyan este tipo de aceites por otros como el aceite de oliva o el de girasol, que son producidos en regiones locales y que, para su elaboración, no implican deforestar grandes regiones de selva virgen al ser cultivados en zonas templadas.

85. Beber agua del grifo

Otro de los hábitos que debemos adoptar para ser más ecológicos es el de evitar consumir agua embotellada. El agua embotellada implica un impacto muy grave al planeta, ya que se conlleva la producción de grandes cantidades de residuos en forma de plásticos de un solo uso que, en muchos casos, no se reciclan de forma adecuada y terminan en la naturaleza, especialmente en los mares. Además, el transporte del agua embotellada implica la emisión de grandes cantidades de gases de efecto invernadero a la atmósfera, por lo que se trata de un hábito que debe ser eliminado. En su lugar, lo más aconsejable será beber agua directamente del grifo, que constituye un agua dulce que tiene un impacto mucho menor en el medio ambiente.

En aquellas regiones donde el agua del grifo tenga demasiada cal o no sea la más apta para ser bebida, se podrán adoptar medidas para depurarla en casa. En este sentido, se pueden instalar filtros en los grifos de la cocina, o adquirir una jarra con un filtro especial que elimina los residuos sólidos presentes en el agua, lo que permite que la mayoría de las veces el agua del grifo que llega incluso a estos lugares se pueda consumir sin problema.

Así mismo, si el agua del grifo implicase algún riesgo sanitario porque su consumo se realizase en regiones donde la higiene no es la más adecuada, también se podrá optar por hervir previamente el agua, así como usar algún desinfectante específico para este tipo de situaciones. No obstante, si este fuera el caso, se podrá optar por el agua embotellada al ser una situación puntual. Sin embargo, la mayoría de las personas en los países desarrollados tienen acceso a un agua de grifo potable y de buena calidad, por lo que, en estos casos, el agua embotellada deberá ser sustituida por el agua que llega directamente del suministro local.

86. Eliminar o reducir al mínimo el consumo de carne

Uno de los actos más importantes que podemos llevar a cabo en favor del planeta es eliminar de nuestra dieta el consumo de carne. La ganadería es el sector que más contamina de todo el planeta, por delante incluso que el del transporte. Esto se debe a varias causas. Entre las más importantes, la elevada deforestación que produce para conseguir nuevos terrenos que sirvan de pastos a las reses. Por otro lado, en el caso de las reses que están estabuladas, estas tienen que ser alimentadas a partir de piensos procesados, para lo cual, también es necesario destinar grandes cantidades de terreno agrícola a la producción de estos piensos para el ganado, lo que implica tener que dedicar cantidades ingentes tanto de agua y energía como de terreno a su producción. Además, los purines que conlleva la ganadería contaminan el agua y los suelos durante décadas, por lo que su daño al medio ambiente es todavía mayor.

De este modo, eliminar por completo la carne de nuestra dieta es una de las mejores acciones que podemos llevar a cabo en favor del medio ambiente. Si no somos capaces de eliminarla por completo, por lo menos deberemos reducir su consumo al mínimo.

87. Aumentar el consumo de legumbres y proteínas vegetales para sustituir la carne

Paralelamente a eliminar o reducir el consumo de carne de nuestra dieta, lo que tendremos que hacer es ampliar el consumo de proteínas de origen vegetal. Este tipo de proteínas son tan completas y efectivas en nuestro organismo como lo son las que proceden de la carne, pero su impacto en el medio ambiente es considerablemente menor. Por ello, se puede sustituir perfectamente un plato de carne por uno de legumbres, tales como los garbanzos, las lentejas, las judías, los frijoles o la soja. Además, otros alimentos como la quinoa o los pistachos, son también alimentos ricos en proteínas completas, por lo que también pueden servir para sustituir la carne y conseguir todas las proteínas que nuestro organismo necesita sin necesidad de recurrir a la carne.

88. Eliminar los productos lácteos de la dieta

Aunque su impacto es menor que el de la carne, los productos lácteos están asociados a la industria ganadera, por lo que son un elemento más vinculado al impacto medioambiental que la industria ganadera tiene en nuestro planeta. Además, hay que tener en cuenta que los lácteos son un alimento completamente innecesario para estar sano. Se ha demostrado que los nutrientes que se solían asociar a su consumo (principalmente el calcio) se obtienen perfectamente de otros alimentos de origen vegetal, como son las verduras, las legumbres o los frutos secos entre otros muchos. Por ello, no existe ninguna necesidad de consumir este tipo de alimentos. De hecho, existen amplias poblaciones donde estos alimentos se consumen de forma nula o muy eventual, como sucede en Japón, y donde su población goza de una salud excelente sin que la ausencia de productos lácteos en su dieta suponga ningún problema para la salud.

89. Eliminar o reducir al mínimo el consumo de pescado

Aunque el consumo de pescado no tiene los mismos efectos medioambientales que el consumo de carne, su consumo sí que implica un impacto importante en los mares. De hecho, la pesca por arrastre es la principal responsable de la deforestación de las praderas de algas en las costas de todo el mundo. Estas algas están asociadas a una cantidad muy importante del oxígeno que existe en nuestro planeta, por lo que su destrucción implica un daño en el medio ambiente que tiene un impacto considerable.

Debido a esto, lo más recomendable para reducir el impacto medioambiental será eliminar de nuestra dieta este tipo de productos o, por lo menos, reducir su consumo al mínimo.

90. Si se consumen huevos, que sean ecológicos

Los huevos de gallina son un producto de origen animal que tiene un impacto medioambiental menor que el de la carne, los lácteos y el pescado. Por ello, se trata de un consumo que se puede realizar de forma eventual sin que ello implique un impacto muy dañino para el medio ambiente. No obstante, no todos los huevos de gallina son iguales. De hecho, si se consumen huevos, es importante que se haga tomando huevos de gallinas camperas o huevos ecológicos. Este tipo de huevos son producidos por gallinas que no están en jaulas sino que son criadas en libertad. Esto, además de tener un efecto importante en el bienestar de los propios animales, es fundamental a la hora de contaminar. Las grandes explotaciones de gallinas en jaulas producen cantidades ingentes de excrementos que contaminan el suelo y el agua al estar muy concentrados. Por el contrario, las gallinas camperas y las que producen huevos ecológicos se desarrollan en un entorno lo suficientemente amplio como para que el suelo tenga la capacidad de eliminar la contaminación orgánica que producen estas granjas. Por ello, si se incluyen los huevos en la dieta, es fundamental que sean huevos ecológicos y no de otro tipo.

91. Comprar productos en tamaños grandes en lugar de porciones individuales

Otro elemento que tenemos que tener en cuenta al ir a la compra es adquirir tamaños grandes de los productos que compremos, especialmente aquellos que sean susceptibles de necesitar envase. De esta forma, reduciremos la cantidad de envases utilizados para envolver el producto en cuestión, lo que reducirá también su huella ecológica. En este sentido, uno de los aspectos más importantes que se tienen que tener en cuenta pasa por evitar adquirir productos envueltos individualmente y adquirir productos que amorticen el uso de envoltorios para que sean cargados en un mismo bulto.

92. Evitar alimentos que contengan transgénicos

Otro aspecto importante a la hora de hacer la compra es evitar aquellos alimentos que tengan ingredientes a partir de transgénicos. Los alimentos transgénicos son alimentos que han sido modificados genéticamente en laboratorio para conseguir que sean más productivos en alguno de sus aspectos. Sin embargo, la realidad es que hoy en día no se conocen bien los efectos secundarios que el uso de este tipo de alimentos modificados genéticamente tienen tanto en la salud como en los ecosistemas. Por ello, lo más sensato, desde una perspectiva ecológica y de respeto al medio ambiente, es rechazar su consumo de forma tajante, dando prioridad a los alimentos naturales.

Para saber si un alimento es transgénico o no, suele bastar con mirar sus ingredientes. En algunos casos muy habituales, como por ejemplo sucede con la soja, lo adecuado será buscar alimentos formulados a partir de soja natural no transgénica, lo que deberá ir indicado en el etiquetado del envase o, en el caso de no contener envase, será una información que deberán aportar en el mercado o supermercado si los consumidores la solicitan.

93. Evitar el uso de vajillas desechables o de un solo uso

Otro de los consejos que tenemos que seguir para reducir el impacto medioambiental de nuestras acciones es evitar los plásticos de un solo uso, entre los que cabe destacar las vajillas desechables de un solo uso. Tanto los platos, los cubiertos, los vasos, como las pajitas de un solo uso, son plásticos muy contaminantes que terminan llegando al mar y llenándolos de basura. Allí, contaminan las aguas a partir de microplásticos y, además, son ingeridos por los animales marinos al confundirlos con posibles alimentos. La consecuencia es la muerte de estos animales debido a que se trata de materiales que no se pueden digerir. La mejor solución pasa por evitar el uso de este tipo de plásticos de un solo uso y optar por vajillas y cuberterías tradicionales.

94. Comprar café y té a granel

Tanto las bolsitas de té como especialmente las cápsulas monodosis para el café son productos contaminantes y muy poco eficientes desde una perspectiva ecologista. En particular, las cápsulas monodosis del café, que están fabricadas con plástico o aluminio, constituyen un verdadero problema medioambiental al ser basura muy difícil y costosa de reciclar, por lo que su uso debe evitarse siempre. Además, también hay que tener en cuenta que, el uso de estas cápsulas, al hacer pasar a través de ellas el agua caliente para hacer el café, implica el consumo de microplásticos y partículas de aluminio que se desprenden de las cápsulas y pasan directamente al café que después consumiremos, lo que supone graves problemas para salud.

En lugar de este tipo de cápsulas, lo mejor será usar cafeteras y teteras tradicionales, así como adquirir tanto el té como el café a granel.

95. Evitar comprar pañuelos de usar y tirar

Otro de los productos que se suelen adquirir en los supermercados con bastante frecuencia son los pañuelos de papel de un solo uso. Estos pañuelos son muy poco eficientes, ya que es papel que, después de ser usado, no se puede reciclar. Por ello, termina convirtiéndose en basura que contamina tanto el suelo como el agua del medio ambiente. En su lugar, es mucho mejor usar los tradicionales pañuelos de tela. Estos pañuelos, después de usarse, se pueden lavar a mano o directamente en la lavadora con el resto de la ropa. De esta forma, se evita la contaminación y el impacto medioambiental generado tanto por la producción como por la basura que conlleva el uso de pañuelos de papel de un solo uso.

En aquellas ocasiones en las que se esté especialmente resfriado, lo más aconsejable será llevar más de un pañuelo de tela en el bolsillo para asegurarse de tener uno limpio a mano siempre que sea necesario.

96. Escoger fruta de temporada procedente de la misma zona

Otro aspecto que hay que tener en cuenta al hacer la compra es escoger frutas y verduras de la propia zona, lo que implica que sean frutas de temporada. Esto permite evitar el transporte de los productos frescos desde regiones lejanas, lo que conlleva la emisión de gases de efecto invernadero. Por el contrario, consumir productos frescos locales, nos asegura estar reduciendo el impacto por el transporte de los mismos y, además, es una de las mejores formas de consumir los productos que, de forma natural, más necesita nuestro organismo según cada estación del año.

97. Compostar los posos del café o del té

Uno de los usos que podemos darle a los posos del té y el café es compostarlos para convertirlos en abono para las plantas. Esto se puede hacer añadiéndolos directamente a la tierra o, si se quiere hacer de un modo menos voluminoso, se pueden volver a reinfusionar para obtener un agua llena de nutrientes para las plantas. Después de que esta agua se haya enfriado a temperatura ambiente, se podrá usar para regar las plantas, lo que, además de agua, también aportará a nuestras plantas un elevado contenido en minerales esenciales. De hecho, se puede hacer con otras infusiones además del té o el café, tal y como pueden ser el rooibos, infusiones de flores, menta, hierbabuena, manzanilla, o cualquier otra que usemos habitualmente. En todos los casos, supondrá un reaprovechamiento de los posos ya usados y aportará un extra de nutrientes a nuestras plantas de casa.

98. Tener bastantes plantas en casa

De hecho, otro de los aspectos que tendremos que tener en cuenta para conseguir una casa ecológica será tener abundantes plantas en ella. Las plantas, además de ser muy decorativas, también producen oxígeno y filtran las toxinas presentes en el aire. Por ello, constituyen una de las mejores formas de conseguir una atmósfera sana y natural en casa. Existen muchos tipos de plantas que nos van a ayudar a conseguir este efecto en casa, sobre todo las plantas suculentas, entre las que se encuentran algunas de las más efectivas a la hora de depurar el aire que nos rodea.

99. Usar servilletas de tela en lugar de servilletas de papel

Otro aspecto que tenemos que tener en cuenta en casa para ser ecológicos es evitar el uso de las servilletas de papel. Al igual que sucedía con los pañuelos, son altamente contaminantes y no se pueden reciclar después de su uso. Por ello, lo más aconsejable es usar servilletas de tela para limpiarnos durante las comidas. Estas servilletas se pueden comprar o se pueden fabricar a partir de ropa vieja que ya no usemos, como por ejemplo las camisas, cuya tela es especialmente recomendable para esta tarea. De esta forma, reduciremos nuestra producción de basura, y el único impacto será el de limpiar las servilletas de tela en la lavadora de manera habitual, lo que implicará un daño al planeta mucho menor.

100. No usar papel de aluminio o papel *film*

Dos de los productos que debemos evitar usar en casa son el papel de aluminio y el papel *film* de plástico. En ambos casos, se trata de materiales que contaminan la comida con microplásticos y partículas de aluminio, lo que no es nada saludable. Debido a esto, son dos productos que deberemos evitar usar siempre en la cocina, especialmente cuando se trate de alimentos calientes, ya que el paso de las partículas de estos envoltorios a los alimentos se potencia con el calor.

101. Usar papel encerado para envolver la comida

A colación de no usar papel de aluminio ni papel *film* en la cocina, hay que decir que estos productos se pueden sustituir sin ningún problema por papel encerado para alimentación. Este tipo de papel es un papel flexible y reutilizable que no presenta elementos tóxicos cuando entra en contacto con los alimentos, por lo que es mucho más saludable para nosotros y para el medio ambiente. Además, se trata de un producto que se puede reutilizar muchas veces, ya que se puede limpiar perfectamente con un poco de agua ya que, al estar encerado, no se descompone con facilidad al contacto con la humedad.

102. Comprar productos fabricados con papel reciclado

Otro de los aspectos en los que debemos fijarnos a la hora de hacer la compra es escoger productos de papel fabricados con papel reciclado. En este sentido, los productos más comunes que se pueden realizar con las fibras del papel reciclado son papeles que no requieren de mucha fineza en el acabado, como por ejemplo sucede con el papel higiénico o el papel de cocina. En estos casos, la mejor opción son los papeles con un acabado grisáceo o ligeramente oscuro. Esto, además de indicar que suelen estar elaborados con papel reciclado, también suele implicar que no ha sido blanqueado con cloro, por lo que su impacto en el medio ambiente es menor.

103. Envolver la comida en porciones grandes y no de forma individual

Una forma de reducir la producción de residuos, especialmente en lo relativo a los envoltorios, es envolver los alimentos en porciones grandes en lugar de hacerlo de manera individual. De esta forma, se amortiza mucho mejor el material usado, que preferiblemente deberá ser papel encerado. Además, al tratarse de porciones grandes, la propia conservación del alimento será mejor, lo que implica que también estará más sabroso cuando se consuma.

104. Comprar alimentos secos

Otro aspecto que hay que tener en cuenta cuando se compren alimentos es preferir los alimentos que se comercializan secos y que después se preparan rehidratados en casa. En este sentido, tanto los cereales como el arroz, o las legumbres como garbanzos, lentejas, judías o soja son un buen ejemplo. El transporte y la conservación de alimentos secos es mucho más sencilla que cuando se tiene que hacer con alimentos preparados y que incluyen agua, como por ejemplo sucede con las legumbres que ya vienen cocidas. Si optamos por legumbres secas y despúes las preparamos en casa, amortizaremos mucho mejor los recursos disponibles.

105. Usar termos o cantimploras

Cuando vayamos de excursión o simplemente vayamos a llevar agua con nosotros, deberemos aplicar la regla de usar agua del grifo en lugar de consumir agua embotellada. Para ello, es importante contar con termos o cantimploras reutilizables. Además del agua, también nos servirá para llevar al trabajo el café o el té, con lo que evitaremos el uso de vasos de un solo uso al consumir este tipo de bebidas.

106. Usar recipientes reutilizables para transportar los alimentos

Al igual que es imprescindible evitar los vasos de un solo uso, también es muy importante evitar los envases de un solo uso para la comida. En este sentido, es importante contar con una tartera o fiambrera que nos permita transportar la comida tanto si se trata de una excursión como si es la comida que llevaremos al trabajo. Lo importante es que, con cada comida, no produzcamos residuos a costa del envoltorio. Para ello, lo mejor es sin duda contar con una fiambrera o tartera particular y utilizarla siempre que sea necesario.

107. Planta tus propios alimentos en macetas

Si bien es cierto que se trata de una opción que no va a permitir autoabastecerse por completo, sí que es un buen punto de partida para empezar a tomar contacto con este sistema de producción. Una opción para plantar algunos pequeños alimentos en nuestra propia casa pasa por usar macetas. En las macetas se pueden plantar hierbas aromáticas como son el perejil, el tomillo, la albahaca o el orégano. Tener este tipo de plantas frescas en casa nos puede ayudar a introducir alimentos recién recolectados y, si bien es cierto que no va a permitir que cumplan una función predominante en nuestro plato, sí que puede ser un punto de inicio interesante en lo que a producir nuestros propios alimentos se refiere.

108. Cocinar con tapa cuando se usen cazos y cacerolas

A la hora de cocinar, es muy importante usar la tapa de los cazos y las cacerolas, especialmente cuando se trata de comidas que tienen que pasar mucho tiempo en el fuego, como es el caso de los guisos. Esto se debe a que la tapa nos ayudará a conservar mejor el calor. En consecuencia, se debe bajar la intensidad de fuego, lo que nos ayudará también a reducir el consumo energético que hagamos en la cocina.

109. Eliminar ambientadores y velas aromáticas

Salvo que se trate de ambientadores y velas ecológicas, este tipo de productos suelen estar desarrollados a partir de sustancias químicas sintéticas que no son nada recomendables para la salud. Si queremos ambientar una habitación con olores agradables, la mejor opción es hacerlo con flores frescas o flores secas. En ambos casos, se conseguirá crear una fragancia agradable que aporte un toque de bienestar a la estancia. En cualquier caso, no se debe olvidar que lo más saludable y recomendable será contar con espacios interiores bien ventilados, ya que es lo más importante que tenemos que valorar, más allá de los olores.

110. Usar gafas mejor que lentes de contacto

Aunque las lentes de contacto o lentillas pueden parecer inofensivas, se trata de un residuo plástico que no se puede reciclar con facilidad. En consecuencia, la mayoría de ellas terminan tiradas en la basura o por el desagüe del inodoro, lo que conlleva que terminen convirtiéndose en plásticos que se degradan en el medio ambiente o que pasan a la cadena trófica al ser ingeridas por los animales. Por ello, para evitar las lentes de contacto, cuya vida útil no suele ser superior a varios meses en los casos más largos o de un solo día en los más cortos, lo más aconsejable es decantarse por las tradicionales gafas. Las gafas no tienen fecha de caducidad y, si la graduación varía, siempre se pueden cambiar solo los cristales y conservar la montura.

111. Usar limpiadores naturales para limpiar metales como la plata

Uno de los productos que debemos incorporar a nuestra rutina de limpieza casera es tanto el vinagre como el bicarbonato sódico. En ambos casos, se trata de productos naturales que tienen muchos usos en la limpieza y, uno de ellos, es la de limpiar los metales como la plata. Para ello, basta con aplicar el vinagre directamente con un trapo o, en el caso del bicarbonato sódico, mezclarlo con agua y entonces aplicarlo.

Por otra parte, si se quieren los mejores resultados, también se puede poner en un recipiente vinagre o bicarbonato sódico con agua e introducir en el interior los objetos de metal que se quieren limpiar. Después de dejarlo actuar en torno a unos 20 minutos, podemos frotar como lo habríamos hecho en el caso anterior. Al permanecer ese tiempo sumergidos en el vinagre o el bicarbonato sódico, la suciedad de los metales se quitará con mucha más facilidad.

112. Aprovechar las sobras de la comida

Uno de los hábitos que tenemos que tomar como habitual en la cocina es no desperdiciar comida. La comida es uno de los recursos más importantes y necesarios que tenemos y, además, también uno de los recursos cuya producción causa más impacto en el medio ambiente. Por ello, una buena utilización de toda la comida disponible, permitirá ser más eficientes y sostenibles. Para ello, además de no desperdiciar dicha comida, también es importante aprender a reutilizar las sobras. Las sobras de la comida se pueden guardar en recipientes en la nevera para ser consumidas más adelante. También se pueden congelar o, incluso, se pueden utilizar como base para preparar otros platos añadiéndoles nuevos ingredientes. De esta forma, además de reducir el impacto medioambiental que causamos con nuestra alimentación, también ahorraremos un buen montante de dinero a final de mes.

113. No usar el robot de cocina si no es para mucha cantidad

Al igual que sucede con la lavadora o el lavaplatos, los robots de cocina son electrodomésticos que pueden ayudarnos a hacer nuestra vida más fácil, pero que también se pueden convertir en un malgasto de energía innecesario. Por ello, el uso de los robots de cocina puede ser dañino para el planeta, pero también sostenible si se usan adecuadamente. Para ello, es importante reservar su uso únicamente para realizar grandes cantidades de comida, así como usarlos siempre aprovechando al máximo su capacidad. Por el contrario, si vamos a cocinar solo para una persona o dos, lo más recomendable será hacerlo por medios manuales que no impliquen tanto uso de energía.

114. Congelar los restos de verdura para hacer caldo

Cuando se preparan platos con verduras, hay muchos de esos restos que se desperdician o se eliminan. En lugar de tirarlos, esos restos de verduras se pueden guardar congelados y, cuando se tenga bastante cantidad y de una variedad suficiente, se pueden hervir para preparar caldo vegetal. Además de ser una opción sencilla para tener un caldo de verduras que sirve para tomar directamente o para elaborar otros platos, también es un excelente fertilizante si lo usamos como agua para regar.

115. Preferir calidad a cantidad: *slow* frente a *fast fashion*

A la hora de comprar ropa, lo más ecológico es decantarse por el *slow fashion* en lugar de por el *fast fashion*. El *fast fashion* es la ropa barata y de mala calidad que, una vez que se usa un par de veces, se tira. Es, al fin y al cabo, ropa de usar y tirar.

Por el contrario, la ropa *slow fashion*, es ropa más cara que la anterior, pero elaborada a partir de materias primas sostenibles y que se elabora pagando sueldos dignos a los trabajadores que la fabrican. Así mismo, se trata de ropa que, la mayoría de las veces, es fabricada en el mismo territorio donde va a ser comercializada. Se trata, en definitiva, de ropa sostenible que respeta tanto el medio ambiente como a las personas implicadas en su confección.

116. Usar detergentes ecológicos y libres de EDTA y otros químicos sintéticos

Otro aspecto importante que tenemos que incluir en nuestras rutinas diarias para ser más ecológicos es evitar los detergentes que están formulados a partir de sustancias químicas sintéticas contaminantes como el EDTA (ácido etilendiaminotetraacético). Este tipo de sustancias son altamente tóxicas y, después de usarlas para lavar la ropa, continúan el ciclo normal del agua, llegando a los ríos y los mares, y contaminando sus aguas y matando a especies tanto vegetales como animales.

En lugar de eso, basta con comprar detergentes ecológicos formulados a partir de sustancias naturales y biodegradables, que no interactúan de forma dañina con los ecosistemas al llegar al medio ambiente.

117. Lavar la ropa solo cuando está sucia de verdad

Por otro lado, uno de los aspectos que tenemos que tener en cuenta en lo que a lavar la ropa se refiere es hacerlo únicamente cuando esta esté sucia de verdad. Muchas personas tienen la costumbre de echar a lavar la ropa después de una única puesta. Salvo la ropa interior y algunas prendas concretas, la mayoría de la ropa puede aguantar varias puestas sin necesidad de ser lavada. De esta forma, evitamos malgastar recursos como agua y energía en exceso. Además, cuidaremos mejor nuestra ropa, lo que hará que dure más tiempo.

118. Distinguir entre manchas y suciedad en general

Así mismo, a la hora de lavar la ropa, también es importante distinguir entre lavar la ropa porque esté sucia en general o porque tenga una mancha. Cuando la ropa presente una mancha en general, lo más recomendable será lavar la mancha de forma manual en el lavabo con un poco de jabón. Después, bastará con dejar secar la ropa y comprobar si la mancha se ha ido por completo. De esta manera, evitamos echar a lavar la ropa con tanta frecuencia y, además, también evitamos el consumo de agua y energía que implicaría lavar la prenda entera cuando solo es necesario hacerlo en la parte que se ha manchado.

119. Utilizar menos detergente en cada lavado

Por otra parte, hay que tener en cuenta que la mayoría de los fabricantes recomiendan un uso de detergente excesivo. Por lo general, se podrá reducir a la mitad de la cantidad fijada por el fabricante, lo que, además de ser menos dañino para el medio ambiente, también será más beneficioso para nuestro bolsillo.

Por otro lado, también habrá que adaptar la cantidad de detergente al tipo de ropa y tipo de suciedad que queramos eliminar. Si la ropa no presenta manchas sino que simplemente ha sido usada y requiere un lavado general, bastará con muy poca cantidad de detergente, ya que será el agua la que realice la principal función de limpieza.

120. Elegir tejidos naturales para la ropa de casa

Por otro lado, también hay que adquirir ropa que esté fabricada con tejidos naturales, ya que se trata de la mejor forma de evitar que estos tejidos se conviertan en residuos contaminantes o dañinos para el medio ambiente. Además, también se trata de la mejor forma de evitar posibles alergias o reacciones molestas en la piel.

En este sentido, los tejidos fabricados completamente de fibras naturales, como es el algodón, son una de las mejores opciones por las que nos podemos decantar. Esto es especialmente importante en el caso de las sábanas y las toallas, ya que son algunas de las prendas de la ropa de casa que están en mayor contacto con la piel cuando se usan.

121. Separar la ropa al hacer la colada para no usar toallitas que absorben los colores

Uno de los productos que se suele comercializar para evitar que los colores de la ropa se mezclen en la lavadora durante su lavado son las toallitas absorbentes del color. Este tipo de toallitas son un producto que suele ir formulado a partir de una tela de algodón y otros materiales y, mediante una preparación química, absorbe los tintes de la ropa que se disuelven en el agua. Sin embargo, se trata de un producto completamente innecesario ya que, si separamos la ropa blanca de la de color, no habrá riesgo de que la ropa blanca se manche o estropeé. De este modo, haciendo algo tan sencillo como separar la ropa blanca de la que color, conseguimos reducir un producto completamente innecesario en nuestro día a día de la casa.

122. Sustituir el suavizante por bolsitas de lavanda en los armarios

Otro de los productos innecesarios a la hora de hacer la colada es el suavizante de la ropa. En la mayoría de los casos, se trata de productos formulados a partir de sustancias químicas sintéticas muy contaminantes. Su función es la de hacer que la ropa huela mejor y que, al tacto, parezca más suave. Esto se puede conseguir sin problemas usando un jabón de lavadora natural, ya que, al ser natural, las fibras de la ropa no quedan tan ásperas como cuando se usa un jabón de ropa sintético.

Por otro lado, si lo que queremos es conseguir que la ropa mantenga el olor desde que se lava hasta que nos la ponemos, una opción ecológica y mucho más respetuosa con el medio ambiente que el uso del suavizante es utilizar flores secas en el armario. Esto se hace depositando un puñado de flores secas (como por ejemplo lavanda) en una pequeña bolsa de tela y colgarla con el resto de la ropa en el interior del armario. Comprobaremos que se trata de una de las formas más sencillas de conseguir que nuestra ropa huela a recién lavada sin necesidad de usar productos químicos sintéticos. Cuando el olor no sea tan intenso, bastará con cambiar las flores secas por otras nuevas y se recuperará la intensidad.

123. Coser la ropa cuando se rompa

Otro aspecto que tenemos que tener en cuenta para ser más ecológicos con la ropa es el de arreglarla cuando se rompa. Es muy común que se pueda descoser un botón, que se rompa una cremallera o que, incluso, las costuras se rompan o se agujeren como consecuencia del uso. Aunque lo más común hoy en día sea tirar la prenda, lo correcto será arreglarla. Si no sabemos coser nosotros mismos, podemos llevarla a una tienda de costura y arreglos de ropa. De esta forma, alargaremos la vida útil de la prenda, reduciremos nuestro impacto en el medio ambiente, y apoyaremos el trabajo local y tradicional.

Esto es aplicable también a los complementos, como pueden ser bolsos o zapatos. Casi cualquier prenda o complemento se puede arreglar, por lo que no debemos tirarlos cuando se rompan si todavía hay posibilidades de alargar su vida útil.

124. Donar la ropa que ya no se usa

Por otro lado, también hay que tener en cuenta que, aquella ropa que ya no queramos, no tiene que convertirse en residuos. Por el contrario, lo que tendremos que hacer será llevarla a una tienda de ropa de segunda mano, o a un lugar donde se pueda donar, para que puedan hacerse cargo de ella y darle una nueva vida. De esta forma, ayudaremos a reducir el impacto de la industria textil en el medio ambiente al mismo tiempo que apoyamos proyectos solidarios y en beneficio de la comunidad. Todo menos tirar ropa que está todavía en buen estado.

125. Reciclar la ropa que ya no valga

Por otra parte, incluso en el caso de ropa que esté en mal estado, hay que tener en cuenta que puede convertirse en algo útil. Por ejemplo, en la materia prima para hacer pañuelos, servilletas o trapos. Las prendas que no se puedan donar ni arreglar porque están en muy mal estado, se pueden recortar para aprovechar las partes de la tela que todavía están en buen estado. Para ello, bastará con coser correctamente la tela para que no se deshilache y, de esta forma, tendremos pequeños cuadrados de tela reciclada que podremos usar como pañuelos, servilletas o incluso trapos de cocina o para la limpieza.

126. Comprar ropa en tiendas de segunda mano

Ya hemos hablado de la importancia de donar la ropa que no queramos y que esté en buen estado. Sin embargo, otro aspecto importante es que nosotros mismos seamos quienes apoyemos este tipo de negocios adquiriendo, si no toda, parte de nuestras prendas en este tipo de establecimientos. Comprar ropa de segunda mano es una forma perfecta de ahorrar dinero, conseguir un estilo *vintage* o retro y, sobre todo, reducir el impacto que la industria textil causa al medio ambiente.

127. Alquilar o pedir prestada la ropa para ocasiones especiales

Así mismo, cuando tengamos la posibilidad de que nos presten la ropa o los complementos, será una opción que deberemos aprovechar. De esta forma, podemos evitar tener que adquirir prendas que, en muchos casos, solo se usan en un par de ocasiones. Si tenemos amistades o familiares que nos presten las prendas o complementos que vamos a necesitar para una celebración u ocasión especial, ahorraremos la compra de estos productos y reduciremos el impacto en el planeta.

Otra opción disponible es acudir a tiendas de alquiler de ropa, especialmente cuando se trata de vestidos o trajes, lo que puede ser útil tanto para celebraciones como bautizos, bodas o comuniones, así como para fiestas de graduación o fiestas similares que requieren un código de vestimenta concreto y se necesitan prendas que no se van a volver a usar en el futuro.

128. Comprar ropa fabricada en la misma zona o región

Al igual que sucede con los alimentos, la ropa que se produce en nuestra misma región requiere menos transporte hasta llegar al punto de venta donde el consumidor la adquiere. Por eso, siempre será mejor escoger prendas de ropa y complementos fabricados en el mismo lugar donde se reside que hacerlo con prendas que tienen que ser transportadas desde largas distancias porque se fabrican en otros países, o incluso otros continentes.

129. Comprar ropa fabricada con tejidos naturales y sostenibles

Otro aspecto que hay que tener en cuenta a la hora de comprar ropa es que será mejor escoger prendas fabricadas a partir de fibras naturales como el algodón. Esto permite que, al convertirse en residuos, esos tejidos sean biodegradables por sí mismos y no impliquen la liberación de sustancias químicas sintéticas en el medio ambiente. Además, se trata de tejidos que reducen la aparición de alergias o problemas de la piel cuando se usan.

130. Evitar las prendas que puedan pasar de moda

Otro aspecto importante a la hora de comprar ropa es escoger prendas que no vayan a pasar de moda. La moda es un engaño para que consumamos de forma continua y sin medida. Al escoger un estilo que no pasa de moda, por ejemplo prendas de colores lisos, nos aseguramos de que dicha prenda se pueda usar muchos años sin que, por ello, dé el aspecto de anticuada.

En cualquier caso, también hay que tener en cuenta que ciertas prendas, aunque sean antiguas, pueden convertirse en clásicos, por lo que su antigüedad les aportará un valor añadido adicional. Sin embargo, cuando esto no vaya a pasar, lo mejor será decantarse por prendas de vestir sencillas y fáciles de combinar, ya que es la mejor manera de asegurarles una vida útil muy larga.

131. Comprar cosméticos ecológicos y biológicos

Al igual que existen alimentos y detergentes para casa ecológicos, también existen cosméticos y productos de higiene ecológicos y biológicos. Este tipo de productos tienen varias ventajas con respecto a los que están formulados a partir de sustancias químicas sintéticas. Por un lado, evitan que dichas sustancias sintéticas, que en su mayoría son tóxicas cuando se liberan en el medio ambiente, terminen diseminadas por los diferentes ecosistemas. Por otro lado, también son mejores para la propia salud de las personas que usan dichos cosméticos, ya que se evita el contacto con estas sustancias que, en muchos casos, actúan como disruptores endocrinos. Es decir, actúan como si se tratasen de hormonas al entrar en nuestro propio organismo, confundiendo al cuerpo y pudiendo producir diferentes trastornos en la salud.

132. Aprender a leer las etiquetas para evitar las etiquetas engañosas

No obstante, otro aspecto que tenemos que tener en cuenta es aprender a leer las etiquetas de los productos cosméticos y de higiene ecológicos. En términos generales, cuando un producto se anuncie como "ecológico", suele significar que es un producto formulado sin sustancias químicas sintéticas. Sin embargo, cuando la palabra que utiliza es "natural", lo más probable es que incluya también sustancias que no son tan naturales como cabría pensar en un principio, ya que la ley actual no regula el uso de algunas palabras en el etiquetado, como sucede con la palabra "natural".

Así mismo, también es importante asegurarse de que los etiquetados sean los oficiales de organismos que se dedican a velar por la seguridad del consumidor. Existen muchos productores que crean sus propios sellos de calidad cuando, en realidad, no constituyen ninguna garantía por parte del producto, ya que es el mismo productor el que se autoimpone dicho mérito. De esta forma, se consigue engañar al consumidor, haciéndole creer que está comprando un producto ecológico cuando, en realidad, solo está comprando un producto común en una caja o bote verde que se ha decorado con publicidad engañosa.

133. Evitar usar toallitas húmedas

Las toallitas húmedas se han popularizado a causa de la suavidad que suponen a la hora de sustituir el papel higiénico después de usar el inodoro. Sin embargo, este tipo de toallitas no son biodegradables, aunque algunas se anuncien como tal. El problema es que, incluso las que presumen de ser biodegradables, tardan en desintegrarse mucho más tiempo del que cabría esperar. La consecuencia es que estas toallitas terminan obstruyendo cañerías y contaminando los ríos y los mares. Por ello, lo mejor será seguir usando el papel higiénico tradicional, si está fabricado a partir de celulosa reciclada mejor.

Para aquellas personas que tengan una piel especialmente sensible, pueden optar por otros métodos de limpieza que no generen tantos residuos como las toallitas. Una opción disponible son los irrigadores de inodoro, que permiten limpiar la zona con un pequeño chorro de agua sin necesidad de producir residuos en forma de toallitas cada vez que se usa el váter.

134. Usar jabones y champús en seco

Además de escoger productos cosméticos y de higiene que sean ecológicos, también es preferible escoger jabones de ducha y de pelo que sean secos. Este tipo de productos se presentan en pastilla, similares a las que se suelen usar para lavar las manos. Las ventajas que tienen estas presentaciones es que, al prescindir del agua, su producción, mantenimiento y transporte es mucho más respetuoso con el medio ambiente.

Para utilizar estos productos, basta con humedecerlos ligeramente y aplicarlos directamente con la mano en el pelo o sobre la piel. Igual que se haría con una pastilla de un jabón formulado para las manos. Además, también son una excelente forma de ahorrar espacio en los viajes.

135. Usar cepillos de dientes de madera u otro material sostenible

Uno de los productos que más contamina los suelos, y sobre todo los mares, son los cepillos de dientes. Los cepillos de dientes de plástico tienen una vida útil aproximada de tres meses. Después, son desechados y, debido a que presentan materiales muy diversos en su elaboración, son muy difíciles de reciclar. La consecuencia es que producen una cantidad de residuos plásticos ingente y que, además, es sumamente difícil de gestionar. Para evitarlo, la mejor opción es decantarse por cepillos de dientes fabricados en otros materiales como la madera, por ejemplo la de bambú. Los cepillos de dientes de bambú son iguales a los que se vienen usando tradicionalmente de plástico. Sin embargo, están fabricados de bambú. Pasados los tres meses, o cuando las fibras ya estén desgastadas, se tiran a la basura normal sabiendo que, al ser de madera, se biodegradarán con facilidad.

Estos cepillos de dientes se pueden encontrar en tiendas de productos ecológicos o en tiendas de Internet. Existen diferentes formatos y durezas de las fibras, por lo que siempre se podrá encontrar el que mejor se adapte a cada persona.

136. Usar productos de limpieza naturales para la casa

Al igual que es importante usar cosméticos ecológicos, también es muy importante usar productos que no dañen el medio ambiente cuando limpiamos la casa. En este sentido, además de existir multitud de detergentes ecológicos formulados expresamente para ello, también podemos hacer uso de los remedios caseros tradicionales. Aunque estos remedios caseros puedan parecer menos efectivos que los detergentes (incluidos los ecológicos), muchas veces son la mejor solución a los problemas de la limpieza diaria. De este modo, es fundamental tener en casa los siguientes productos naturales: bicarbonato de sodio, vinagre blanco, sal de sosa, ácido cítrico, jabón negro y jabón de Marsella. Con estos productos caseros de limpieza tradicional, se podrá tener la casa perfecta con la certeza de que no se está contaminando el medio ambiente.

137. Usar protectores solares ecológicos en la playa y la piscina

Otro de los productos ecológicos que debemos incluir en nuestra rutina, especialmente cuando vamos de vacaciones al mar o a la piscina, son los protectores solares ecológicos. Este tipo de protectores tienen ventajas tanto para el medio ambiente como para la salud. Los protectores solares tradicionales actúan de forma química. Es decir, penetran en la piel y llevan a cabo una reacción química que es la que evita que nos quememos. De hecho, este es el motivo que hace que tengan que ser aplicados media hora antes de la exposición al sol, precisamente para que puedan tener tiempo de realizar dicha reacción química. Estos protectores tienen un doble problema. Por un lado, se trata de sustancias químicas sintéticas que están entrando en nuestro cuerpo a través de la piel. Por otro, estas mismas sustancias químicas terminan en los ecosistemas acuáticos, contaminándolos y dañando tanto su flora como su fauna. Un buen ejemplo son los corales, que se ven muy afectados por este tipo de químicos, lo que hace que enfermen y terminen muriendo.

Por el contrario, los protectores solares ecológicos, no actúan de forma química sino física. Es decir, no penetran en la piel, sino que se quedan en la superficie y crean una barrera que evita el paso de los rayos solares y, en consecuencia también que nos quememos. Estos protectores solares están formulados a partir de sustancias naturales que, al disolverse en el medio ambiente no lo dañan.

Un aspecto que hay que tener en cuenta cuando se compren protectores solares ecológicos es que, como no penetran en la piel, pueden dejar una capa especialmente blanca cuando se aplican. Por ello, a la hora de comprarlos, es preferible buscar alguno que incorpore algún tinte natural para disimular este efecto si es que no nos gusta. Lo mejor será preguntar a la persona encargada de la tienda ecológica en cuestión, que seguramente nos podrá aconsejar qué protector solar ecológico es el más adecuado en cada caso.

138. Evitar usar lejía

Uno de los productos que se ha usado tradicionalmente para la limpieza y que debemos defenestrar de nuestra rutina casera es la lejía. La lejía, a pesar de ser un producto que se usa frecuentemente para limpiar, no es un limpiador, sino un desinfectante. Sin embargo, también es un producto especialmente contaminante que, cuando llega a ríos y mares, daña la flora y la fauna de todo tipo. Debido a esto, se trata de un producto que debemos evitar. Lo mejor será sustituirlo por productos naturales como el bicarbonato sódico o el vinagre blanco, que también tienen un efecto desinfectante pero sin dañar el medio ambiente.

139. Sustituir los desengrasantes para horno por jabón negro

Los desengrasantes que se comercializan para el horno son especialmente dañinos con el medio ambiente cuando llegan a entrar en contacto con los diferentes ecosistemas. En su lugar, se puede sustituir este producto por jabón negro. El jabón negro es un producto ecológico formulado a partir de plantas y cortezas de árbol. Tiene su origen en África, donde se utiliza ampliamente para limpiar la piel y protegerla de posibles enfermedades. De hecho, está especialmente recomendado para los casos de piel atópica o eccemas. Sin embargo, usado a la hora de limpiar la casa, también se convierte en un aliado perfecto a la hora de eliminar la grasa y la suciedad del horno. Para ello, lo más recomendable es aplicarlo con agua y dejarlo actuar durante al menos 20 minutos antes de limpiar los restos de suciedad de forma definitiva.

140. Evitar usar geles y difusores para el inodoro

Aunque suele ser común usar geles y difusores para evitar el mal olor en el inodoro, este tipo de productos son muy contaminantes debido a la cantidad de sustancias químicas que contienen. De hecho, la mayoría de ellos contienen diclorobenceno, una sustancia que igual que desinfecta el inodoro lo hace con los ríos y los mares cuando llega a estos ecosistemas. Debido a esto, es mejor evitarlos en todas sus formas.

Si se tiene un inodoro que presente mal olor, lo primero que habrá que hacer es asegurarse de que las tuberías están en buen estado. Así mismo, si queremos limpiar el inodoro y desinfectarlo al mismo tiempo, una opción que podemos llevar a cabo es verter una olla de agua hirviendo directamente en la taza del váter. El agua a esta temperatura eliminará cualquier rastro de gérmenes, hongos o algas que pudieran crecer en el inodoro, por lo que nos permitirá desinfectarlo sin contaminar los recursos hídricos. Así mismo, verter un chorro de vinagre en la taza del inodoro y dejarlo actuar durante 30 minutos después de haber echado el agua potenciará todavía más su efecto.

141. Frotar para no contaminar

Uno de los aspectos que tenemos que tener en cuenta cuando limpiamos es que la limpieza se puede hacer de dos formas: de forma química o de forma física. La limpieza química es aquella que se lleva a cabo mediante la corrosión de la suciedad. Es decir, se coloca un producto (ecológico o contaminante) sobre una superficie y, por efecto químico, la suciedad se deshace para que luego se pueda retirar con facilidad. Por el contrario, la limpieza física es la que se hace ejerciendo fuerza física sobre la suciedad hasta que se consigue eliminar, es decir, frotando la suciedad para eliminarla.

Como norma general, hay que tener en cuenta que la limpieza física, aunque requiera más trabajo, será siempre más ecológica, ya que no requiere del uso de productos químicos, por lo que el impacto medioambiental será menor. No obstante, en aquellos casos en los que usemos productos para realizar o facilitar la limpieza, es importante que escojamos siempre productos ecológicos, ya que tienen un impacto menor o, a veces, nulo en el medio ambiente. Esto se puede aplicar a la limpieza de cualquier tipo.

142. Usar paños de tela en lugar de papel desechable de cocina

A la hora limpiar la cocina, es importante usar paños de tela en lugar de papel de cocina desechable. Este tipo de papel es de usar y tirar, por lo que tiene un impacto elevado en el medio ambiente. Por el contrario, haciendo uso de paños de tela que se puedan lavar para volver a usarlos una y otra vez, reducimos el impacto medioambiental al no tener que producir tanta cantidad de papel.

De hecho, estos trapos o paños de cocina se pueden conseguir a partir de la ropa vieja que vayamos a tirar. En lugar de tirarla directamente a la basura, se deberá cortar en cuadrados útiles para la limpieza y guardarlos para ir usándolos siempre que sea necesario. Cuando los trapos estén completamente sucios, y ya sí que no se puedan reutilizar otra vez ni siquiera lavándolos, será el momento de deshacerle de ellos.

143. Llevar los medicamentos viejos y caducados a la farmacia

Otro aspecto que tenemos que tener en cuenta para ser ecológicos y reducir nuestro impacto en el medio ambiente es no tirar los medicamentos viejos o caducados a la basura. La mayoría de los medicamentos contienen sustancias químicas sintéticas que si llegan al medio ambiente actuarán como contaminantes. Por ello, es muy importante que sean gestionados de forma adecuada. Para ello, basta con llevarlos a una farmacia, donde serán gestionados de forma adecuada para reciclar las partes del envoltorio y para neutralizar las sustancias químicas peligrosas que puedan tener y evitar que se liberen al medio ambiente sin control.

144. Evitar dejar los electrodomésticos en *stand by* durante las vacaciones

Cuando vamos de viaje o de vacaciones durante varios días, es mejor asegurarse de apagar completamente los electrodomésticos que, de forma habitual, permanecen en modo *stand by*. Sin duda, el modo *stand by* consume poca energía. Sin embargo, se trata de una energía que podemos ahorrar apagando o desenchufando los electrodomésticos. Se trata de un gesto sencillo que no cuesta ningún esfuerzo y que permite reducir el consumo de estos aparatos en casa.

145. Llevar una bolsa para guardar los residuos cuando se va de excursión

Cuando se va de viaje, de excursión, o simplemente a la playa, es importante contar con una bolsa en donde depositar todos los residuos que produzcamos. Lo más recomendable será disponer de bolsas separadas para poder hacer distinción entre un tipo de residuo u otro. No obstante, si no es así, se podrá contar con una única bolsa de basura que, al llegar a casa, separaremos según corresponda.

146. Hacer regalos sostenibles

Cuando tengamos que hacer un regalo, lo mejor será decantarse por regalos que sean respetuosos con el medio ambiente. En este sentido, se puede optar por regalos que no sean físicos, tales como experiencias. Este tipo de regalos suelen

conllevar una producción escasa de residuos y envases, por lo que son una buena
alternativa a otras opciones. Así mismo, también es una ocasión perfecta para
regalar productos ecológicos, tales como cosméticos o alimentos y bebidas de este
tipo.

147. Confeccionar regalos manuales

Por otro lado, otra opción a la hora de tener que hacer un regalo es
confeccionarlo uno mismo. Este tipo de regalos son más laboriosos de realizar
puesto que supone un esfuerzo mayor que los que se compran directamente. Sin
embargo, también son regalos que incluyen un valor añadido al implicar el valor
sentimental de haberlo elaborado la propia persona, por lo que son regalos que
también son muy apreciados. Existen multitud de opciones y, según sea el caso y
la ocasión, se puede optar por una solución u otra.

148. Usar bolsas de papel para envolver regalos

Una opción que permite reducir los residuos que se suelen asociar a los
regalos es prescindir del papel de envoltorio y optar por adaptar una bolsa de
papel para ocultar la sorpresa. En este caso, lo que se puede hacer es grapar la
apertura superior de la bolsa para que el regalo no se vea y, para terminar, pegar
unas ramitas de hojas secas en la parte superior de la bolsa, de forma que tenga un
detalle decorativo adicional. En este sentido, combinar ramas secas de laurel,
romero o tomillo es una forma excelente de darle un toque tradicional y ecológico
al envoltorio. De esta forma, se evita tener que usar bolsa y envoltorio, ya que se
unen los dos en uno solo. Por supuesto, es importante usar una bolsa de papel y
no hacerlo nunca con una de plástico.

149. Escoger regalos de segunda mano pero de buena calidad, por ejemplo antigüedades

Otra opción que no se puede pasar por alto a la hora de hacer un regalo son
las múltiples opciones disponibles en los mercados de segunda mano. Una opción
muy socorrida y que siempre da muy buenos resultados son las antigüedades. Se
pueden encontrar de muchos tipos, desde objetos de arte y decoración a objetos de
coleccionista asociados a diferentes aficiones. De este modo, damos un nuevo uso

a algo antiguo y, al mismo tiempo, evitamos que se tengan que consumir más recursos naturales para producir nuevos productos.

150. Papel de regalo reciclado o reutilizado (papel de periódico, papel de estraza, telas viejas...)

Cuando no se pueda usar la propia bolsa de papel para envolver un regalo, una opción de envoltorio (aunque no podemos dejar de mencionar que un regalo también se puede entregar sin envolver) es usar papel reciclado.

En este sentido, siempre suele ser común encontrar papel de periódicos viejos o revistas en casa, lo que nos permite aprovechar este tipo de residuos. Así mismo, otra opción que hay que tener en cuenta es la de aprovechar los papeles de envoltorio que vienen en multitud de paquetes que se reciben en casa. Estos embalajes suelen venir acompañados con papel de estraza para evitar que el producto se mueva. Este papel de estraza se puede guardar y reutilizar en el futuro como papel de envolver, lo que nos permitirá ahorrar en la compra de papel de regalo nuevo y, al mismo tiempo, evitar que se tengan que consumir más recursos en su fabricación. De hecho, si tenemos telas viejas en casa, tales como de ropa que ya no valga o ropa de cama que ya no vayamos a usar nada más que para hacer trapos, también se podrá utilizar para envolver los regalos.

151. Usar un árbol de Navidad sostenible

Las Navidades son una de las fechas en las que más impacto por el consumo se produce en el medio ambiente. Por ello, es importante minimizar los daños lo más posible. En este sentido, los árboles de Navidad son uno de los grandes problemas que se presentan en estas fiestas. Para reducir al mínimo el daño que se genera, es importante escoger un árbol de Navidad que sea reutilizable. Es decir, se deben evitar los árboles de Navidad naturales, ya que pasadas las fiestas se suelen tirar y consumen agua.

Por el contrario, escoger un árbol de Navidad de un material que nos vaya a permitir guardarlo para el año próximo y reutilizarlo, será la opción más recomendable. Así mismo, también es una buena idea evitar el plástico en favor de otros materiales más respetuosos con el medio ambiente y más sostenibles, como por ejemplo la madera. Un árbol de Navidad de madera, que se pueda decorar con materiales igualmente responsables es la mejor opción por la que nos podemos decantar.

152. Decoración sostenible y ecológica para las fiestas

Más allá de la Navidad, la decoración en las fiestas es uno de los grandes problemas a la hora de generar residuos que se terminan convirtiendo en basura. Celebraciones como Navidad, Año Nuevo, Halloween, cumpleaños o incluso bodas, son situaciones en las que la decoración juega un papel importante. Por ello, para evitar que esta decoración se convierta en un problema medioambiental, es fundamental escogerla de forma adecuada para minimizar lo más posible su impacto ecológico.

En este sentido, lo primero que se tiene que tener en cuenta es evitar materiales poco ecológicos como el plástico. En su lugar, será mucho mejor decantarse por materiales más naturales como la madera, el cartón, la tela, así como plantas o flores secas. Además, otro aspecto muy importante es que se trate de una decoración que pueda ser guardada y reutilizada al año próximo o en la siguiente celebración. De este modo, se deben evitar todos los objetos decorativos que sean de usar y tirar y escoger solo decoración que pueda ser reutilizada una y otra vez sin problema. Por último, también es fundamental saber limitar la decoración a lo necesario, huyendo de cualquier exceso.

153. Escoger un lugar de vacaciones cercano a donde vivimos

Un aspecto importante cuando nos vamos de vacaciones y queremos ser ecológicos es escoger un lugar relativamente cercano a donde residimos. Aunque los grandes viajes a lugares lejanos puedan ser muy atractivos, son viajes que normalmente necesitan tomar el avión, que es uno de los medios de transporte más contaminantes que existen. Por el contrario, si optamos por un destino cercano a nuestra propia residencia, podremos disfrutar de unas buenas vacaciones y desconectar del trabajo sin necesidad de que ello implique un impacto medioambiental muy dañino para el planeta.

154. Escoger un alojamiento que sea sostenible y comprometido con el medio ambiente

Así mismo, otro elemento que tenemos que tener en cuenta cuando vamos de viaje es el tipo de alojamiento donde nos quedamos. Hoy en día, la variedad de alojamientos para turistas y viajeros es muy grande. Si queremos ser lo más ecológicos posible, lo más aconsejable es decantarse por alojamientos rurales o alojamientos sostenibles, que son aquellos que llevan a cabo su labor fomentando el respeto al medio ambiente y buscando causar el menor impacto posible en el entorno, tanto con su labor como con la manera en la que se relacionan con sus clientes.

155. Preparar comida sostenible en las fiestas en casa

Cuando hacemos una comida en casa y vienen invitados, es una ocasión perfecta para ofrecer una opción respetuosa con el medio ambiente. En este sentido, las opciones veganas y vegetarianas son la mejor alternativa para minimizar el impacto en el planeta, ya que, al evitar el consumo de carnes y productos de origen animal, reducimos el impacto que la deforestación y los gases de efecto invernadero conllevan para elaborarlas. De este modo, optar por un menú que reduzca la presencia de alimentos de origen animal al mínimo, es la mejor opción para preparar una comida sostenible en casa cuando vienen invitados.

156. Recoger la basuraleza que encuentres, aunque no sea tuya

Otro aspecto importante que tenemos que tener en cuenta cuando vamos de excursión o estamos de vacaciones, especialmente si estamos en el campo o en la naturaleza, es recoger la basuraleza que nos encontremos, aunque no sea nuestra. La basuraleza es la basura que termina en el medio ambiente y que, si nadie la retira, pasará años en el mismo lugar hasta que se llegue a degradar (en algunos casos, puede pasar incluso siglos). Por ello, cuando vayamos a la naturaleza, además de llevar una bolsa para guardar nuestra propia basura, también es importante que incluyamos en esta bolsa aquella basura que encontremos en nuestro camino y que otras personas sin sensibilidad ni ningún sentido cívico han arrojado.

157. Evitar los deportes motorizados

El deporte es una de las actividades más sanas y recomendables para el ser humano. Además, muchas veces, nos permite estar en contacto con la naturaleza. Sin embargo, hay deportes que son altamente contaminantes, por lo que deben evitarse. Entre ellos, cabe mencionar todos los que requieren del uso de vehículos motorizados, ya sean coches, motos, o cualquier otro vehículo que, para funcionar, necesite quemar combustibles contaminantes que generan gases de efecto invernadero.

158. Evitar practicar ciclismo si se necesita el coche

Uno de los deportes más recomendables y respetuosos con la naturaleza es el ciclismo. Sin embargo, tenemos que practicarlo sin que ello implique tener que usar el coche. Lo correcto será poder practicar el ciclismo desde nuestra propia casa. Por el contrario, si para poder practicar el ciclismo tenemos que desplazarnos con un vehículo motorizado hasta la pista donde lo practicaremos, estaremos emitiendo gases de efecto invernadero en dicho desplazamiento, por lo que será mejor buscar otras rutas posibles en las que no sea necesario usar el coche para desplazarse.

159. Limpiar el equipamiento deportivo con poca agua

Otro aspecto que hay que tener en cuenta cuando se practica cualquier deporte es intentar reducir el consumo de agua que se deriva de la limpieza del equipo. En este sentido, habrá mucha diferencia entre limpiar la ropa de deporte, que se hará normalmente en la lavadora, y limpiar otros elementos del equipo. Por ejemplo, en el caso de querer limpiar una bicicleta, lo más recomendable será limpiar los restos de barro y suciedad primero con un trapo y, a continuación, con un trapo húmedo, limpiar los restos más resistentes. Si, por el contrario, lo hacemos con una manguera consumiremos mucha agua de forma innecesaria. Esto es aplicable a la limpieza del equipo de cualquier deporte.

160. Optar por deportes sostenibles y respetuosos con el entorno

Como no puede ser de otro modo, no todos los deportes son igual de respetuosos con el medio ambiente. Por ello, a la hora de escoger un deporte o actividad física, es importante que lo hagamos en función del impacto que puede tener en el medio ambiente, especialmente si se trata de un deporte que se realiza al aire libre y en la naturaleza. En este sentido, el senderismo es uno de los deportes más sostenibles y respetuosos con el planeta, y a la vez de uno de los que nos van a permitir disfrutar de la naturaleza y de sus paisajes reduciendo al mínimo el impacto que el ser humano tiene sobre los ecosistemas.

161. No practicar esquí o deportes similares

Por otro lado, otros de los deportes que se tienen que evitar son el esquí o los deportes similares que requieran ser practicados en pista de montaña. El problema de estos deportes es que conllevan un impacto gravísimo en el entorno, tanto en lo referente a las propias pistas donde se realizan, como en lo referente a toda la infraestructura que permite dar servicios a las personas que los practican. Se trata de un impacto negativo para la montaña, ya que desplaza especies y destruye el hábitat tanto de la flora como de la fauna propias de estos ecosistemas. Por ello, es mejor prescindir de la práctica de este tipo de deportes. En su lugar, se pueden escoger otros cuyo impacto en el ecosistema de la montaña es menor, como son el senderismo, la escalada, la espeleología o la fotografía natural.

162. Alquilar los libros, los CD y los DVD en una biblioteca

Aunque cada vez es menos común adquirir la cultura en formatos físicos, existen ocasiones en las que es necesario debido a la antigüedad o la falta de opciones digitales. En estos casos, lo más recomendable es alquilarlos en una biblioteca, ya que esto evita que se tengan que producir más unidades y, además, permite que cualquier persona tenga acceso a estos productos cuando los necesite. Si por el contrario se compran, lo más probable es que se limite su distribución y que terminen almacenando polvo en las estanterías de casa después de usarlos.

163. En una fiesta, usar manteles y servilletas de tela

Las fiestas, tanto las que se celebran en casa como fuera, son una de las ocasiones perfectas para evitar los productos de usar y tirar. En concreto, se debe evitar utilizar tanto manteles como servilletas de papel, ya que conllevan la producción de grandes cantidades de residuos que se pueden evitar usando servilletas y manteles de tela. Estos manteles y servilletas se pueden lavar en la lavadora y, de esta forma, se podrán volver a utilizar en el futuro.

164. En comidas especiales, usar decoración sostenible en la mesa

Aunque ya hemos hablado de la decoración en las fiestas, la decoración que se utiliza en las comidas especiales merece una mención aparte. En este sentido, es importante evitar decoraciones que generen residuos que no sean biodegradables. Se puede optar por flores naturales, flores y ramas secas, velas naturales de cera de abeja o, incluso, centros de mesa que se puedan volver a reutilizar. Lo más importante será evitar decoraciones de usar y tirar y, sobre todo, aquellas que estén fabricadas en materiales altamente contaminantes, como son los plásticos.

165. En comidas especiales, comprar la bebida en envases grandes

Aunque se debe hacer siempre, en las comidas especiales es todavía más importante debido a que se consume una cantidad mayor. En estas ocasiones, es importante adquirir las bebidas en formatos grandes y en envases reciclables. Lo más recomendable es hacerlo en botellas de cristal grande. Se deben evitar las latas individuales y las botellas de plástico, ya que son materiales contaminantes para el medio ambiente y para la salud (tanto el plástico como el aluminio de estos envases vierte partículas a la bebida que después ingerimos con ella).

Por el contrario, los envases de cristal son mucho más estables y no vierten partículas a la bebida de su interior. Además, se trata de un material que se puede reciclar con mucha más facilidad que el plástico o el aluminio.

166. Usar pinturas ecológicas

Las pinturas que se usan para las paredes y techos, así como para los muebles, pueden ser muy contaminantes. Esto se debe a que muchas de ellas están formuladas a partir de sustancias químicas sintéticas que, además de perjudicar el medio ambiente, también liberan estas sustancias en el aire y terminan siendo inhaladas por las personas y los animales en sus propias casas. Por ello, cuando se vaya a comprar un bote de pintura o barniz, es muy importante decantarse por las pinturas ecológicas. A diferencia de las pinturas sintéticas o las acrílicas, las pinturas ecológicas están formuladas al agua (igual que las acrílicas), pero es que, además, están desarrolladas a partir de pigmentos y aglutinantes completamente naturales. De esta forma, se trata de pinturas que no emiten partículas tóxicas, por lo que no son perjudiciales, tanto para el medio ambiente como para nuestra salud.

167. Llevar los botes de pintura vieja al punto limpio

Por otro lado, cuando los botes de pintura ya no sirvan pero sigan conteniendo parte del producto, en lugar de tirarlas, habrá que llevarlas al punto limpio para que sean gestionadas de forma correcta. Como hemos comentado, las pinturas suelen ser productos muy contaminantes. Por ello, es necesario que, cuando se conviertan en residuos, sean gestionados de forma adecuada para evitar que liberen sustancias tóxicas en el medio ambiente.

En los puntos limpios suelen tener un espacio dedicado a la recogida de este tipo de productos. Si no sabes dónde está en tu punto limpio más cercano, lo mejor es que preguntes a la persona encarga del punto limpio al que acudas y ella te indicará qué hacer con los botes de pintura viejos.

168. Si hay mosquitos, mejor usar un aspirador de mosquitos que un método químico

Los mosquitos son unos insectos molestos y que, además, pican. Para evitarlos, especialmente por la noche, se puede optar por diferentes sistemas. Uno de los más populares son los recambios químicos que se colocan en los enchufes. Estos productos, como es comprensible, emiten una sustancia química que es venenosa para los mosquitos, lo que hace que mueran y, por eso, no piquen. Sin embargo, aunque esta sustancia no sea especialmente dañina para los seres humanos y otros animales de mayor tamaño, eso no significa que sean sustancias inocuas. Por ello, lo mejor es evitarlas siempre que sea posible.

En su lugar, se puede colocar una trampa física para mosquitos, que prescinde de elementos químicos de cualquier tipo. Las trampas para mosquitos más recomendables son las trampas aspiradoras. Estas trampas se conectan a la red eléctrica y actúan como un ventilador pero que, en lugar de expulsar aire, lo absorbe. Justo al lado de la trampa hay una pequeña luz que atrae a los mosquitos en la oscuridad de la noche y, cuando se acercan a la trampa, son aspirados por el chorro de aire, impidiendo que salgan y puedan picarnos. Son la opción más saludables y ecológica para librarnos de estos insectos molestos y peligrosos en las noches de verano.

169. Instalar nidales en zonas adecuadas de casa

Siempre que sea posible, se recomienda ayudar a los pájaros a que puedan construir sus casas colocando nidales (casas para pájaros) en las zonas adecuadas de casa, como pueden ser el jardín, el porche o la terraza. Algunas aves, especialmente los pájaros más pequeños, tienen dificultades para construir sus nidos como consecuencia de la arquitectura moderna, que elimina algunos elementos de construcción como las tejas tradicionales, que servían de lugar de anidación para pájaros como los gorriones. Por ello, se recomienda colocar nidales siempre que sea posible en un lugar tranquilo y que sea exterior pero que también esté protegido de las inclemencias meteorológicas. Esto, además de beneficiar a los pájaros, también nos beneficiará a nosotros, ya que estos animales suelen alimentarse de muchos insectos molestos, como pueden ser los mosquitos y las avispas, por lo que serán una forma de evitar su presencia.

170. Usar insecticidas y pesticidas naturales en el jardín y las macetas

A la hora de eliminar insectos y plagas en las plantas y en el jardín, es muy importante que evitemos el uso de insecticidas formulados a partir de químicos sintéticos. Estos insecticidas matan cualquier insecto sin discreción. Es decir, también matarán los insectos buenos y beneficiosos para las plantas, además de contaminar el agua y el suelo.

En su lugar, lo adecuado será usar insecticidas y pesticidas naturales. Estos se suelen conseguir hirviendo diferentes plantas y extrayendo su jugo para conseguir un agua cargada de componentes naturales que repelan o eliminen las diferentes plagas que queremos evitar. Algunos de los plaguicidas más comunes y que se suelen usar con mayor frecuencia se fabrican a partir de albahaca, toronjil o cidronela, limón, ajo o canela entre otros muchos. De hecho, se trata de pesticidas que son útiles tanto en el caso de los insectos como en el caso de caracoles y babosas, ácaros o incluso hongos. Lo importante será aplicar el pesticida natural más recomendado para cada tipo de plaga.

171. No matar abejas o insectos beneficiosos

Cuando nos encontremos con algunos insectos dentro o fuera de casa, según el tipo de insecto que sea, es importante que no los matemos. Un ejemplo de ello son las abejas, que son insectos polinizadores que cumplen un papel fundamental en la reproducción de las plantas, por lo que se trata de insectos que hay que proteger.

Así mismo, también hay que tener en cuenta que las arañas son depredadores naturales de insectos como pulgas o mosquitos, por lo que se trata de animales que tampoco debemos eliminar. Al contrario, si los encontramos dentro de casa, lo más recomendable será sacarlos al exterior. Para ello, podemos usar un trapo para atrapar a estos insectos y, con cuidado de no lastimarlos, sacarlos al exterior de casa.

172. Instalar un recuperador de agua de lluvia en el jardín

Una instalación que es muy recomendable para los jardines son los recuperadores de agua de lluvia. Estas instalaciones nos permiten recoger el agua de la lluvia, que se puede usar para regar el jardín durante el resto de días en los que no llueva. Por ello, se trata de una instalación que ayuda a ahorrar agua y a hacer un mejor aprovechamiento de los recursos disponibles. Además, esta agua también se podrá utilizar para otras funciones, como puede ser fregar o lavar la bicicleta.

173. Escoger plantas que necesiten poca agua en el jardín

Otro elemento que tenemos que tener en cuenta en el jardín es seleccionar plantas que necesiten poca agua. De este modo, nos aseguramos de reducir las necesidades hídricas del jardín, evitando que se consuma tanta cantidad de agua como cuando se seleccionan plantas que necesitan riego a diario. En este sentido, suele ser muy recomendable decantarse por las plantas propias de la región en la que nos encontremos. Estas plantas, al ser autóctonas, suelen poder sobrevivir perfectamente con los ciclos de lluvia naturales de la zona y, solo de vez en cuando, será necesario regarlas de forma extraordinaria.

174. Prescindir de césped natural

El césped natural puede ser muy agradable. Sin embargo, también es una de las instalaciones de jardín que más agua consume, ya que necesita un riego constante para que esté en buen estado. Además, también es un foco para la aparición de mosquitos debido precisamente a la alta humedad que demanda. En su lugar, lo mejor será escoger céspedes artificiales. Aunque puedan ser menos agradables al tacto, hoy en día hay modelos muy conseguidos y que cumplen con su función perfectamente, por lo que será la mejor alternativa para ahorrar una grandísima cantidad de agua en el jardín.

175. Regar siempre por la noche y consultar la meteorología

A la hora de regar, tanto las plantas de los parterres como las de las macetas, es importante hacerlo de noche para evitar la evaporación del agua a causa del calor del sol. Así mismo, también es importante consultar previamente la meteorología, ya que, si va a llover, no tendremos que regar el jardín.

176. Quitar las malas hierbas con métodos naturales

Otro de los aspectos que hay que tener en cuenta para conseguir que el jardín esté en buenas condiciones y sea respetuoso con el medio ambiente es evitar los herbicidas químicos sintéticos, ya que son muy contaminantes y liberan partículas tóxicas tanto en el suelo como en el agua. Para ello, se puede optar por sistemas para eliminar las malas hierbas de forma natural. Una de las formas más sencillas es, simplemente, arrancarlas a mano. Otra posibilidad es usar agua hirviendo, que se deberá verter directamente en la tierra donde están las raíces de las malas hierbas, lo que logrará eliminar cualquier planta que no queramos sin dejar ningún tipo de rastro químico en el suelo.

177. Reservar una parte del jardín para montar un pequeño huerto ecológico

Otra actividad que deberíamos incorporar a nuestra rutina de jardín es reservar un pequeño espacio para crear nuestro propio huerto ecológico. De esta forma, además de conseguir alimentos saludables que podemos incorporar a nuestra dieta diaria, también nos familiarizaremos con la agricultura y el cultivo de las plantas. Para conseguir los mejores resultados, lo más recomendable es empezar con un espacio pequeño y, a medida que vayamos ganando experiencia, ir ampliándolo.

178. Preparar compost natural para el jardín

Así mismo, este huerto ecológico, así como el resto del jardín, se puede fertilizar con compost hecho por nosotros mismos en casa. Existen diferentes formas de hacerlo, aunque la más común pasa por utilizar un recipiente cerrado herméticamente donde se vayan almacenando los residuos orgánicos que después se convertirán en el compost que utilizaremos para abonar el jardín. De hecho, se comercializan gran multitud de estos recipientes diseñados expresamente para facilitar esta tarea, por lo que no debería ser complicado conseguir uno de ellos.

179. Usar las cáscaras de huevo para el jardín

Por otro lado, también tenemos que aprender a utilizar ciertos residuos orgánicos que son especialmente útiles en el cuidado de los jardines, como es el caso de las cáscaras de huevo. Las cáscaras de huevo se pueden dejar secar y después pulverizar directamente con la mano y aplicar sobre la superficie del terreno del jardín o en macetas. Sirven de fertilizante, alejan a los caracoles y babosas de las plantas y, además, se pueden usar como parte de los ingredientes a la hora de fabricar nuestro propio compost.

180. Imprimir lo menos posible

El papel es uno de los materiales que, para su fabricación, requiere un mayor consumo de recursos naturales, como son madera y agua entre muchos otros. Por ello, es importante que reduzcamos el papel que usamos lo más posible. En este sentido, es fundamental imprimir lo menos posible, dando prioridad al uso de documentos digitales, ya que no requieren de un soporte físico que implique que tenga que ser reciclado cada vez que se escribe en él. De esta forma, antes de imprimir un trabajo para el colegio o la universidad, documentos en el trabajo, billetes de un viaje, o las entradas para un espectáculo, es importante buscar si podemos hacer uso del soporte digital en lugar del papel físico y así evitar el consumo de papel.

181. Imprimir a doble cara

Por otro lado, cuando no quede más remedio que imprimir documentos en papel, hay que tener en cuenta que cualquier hoja de papel tiene dos caras, lo que significa que debemos usar ambas para reducir a la mitad el consumo del papel que hagamos en cada impresión. Puede parecer algo bastante obvio. Sin embargo, la mayoría de las personas usan solo una cara del papel, lo que constituye una forma extremadamente ineficiente de utilizar este recurso.

182. Reutilizar el papel viejo como borrador

Así mismo, también hay que tener en cuenta que el papel viejo, tanto si está impreso a una cara como a dos, siempre puede ser reutilizado como papel de borrador. De esta forma, se alargará todavía más su vida útil, lo que, a todas luces, constituye una forma más de reducir el consumo y mejorar la gestión de los recursos disponibles.

Lo más conveniente es guardar los papeles viejos para usarlos cuando haya que tomar notas o apuntes, ya sean en forma de escritura o dibujo. Una vez que hayan sido utilizados por completo, se deberán reciclar para que puedan ser convertidos en papel nuevo y tenga nuevos usos.

183. Al usar un portátil, mejorar su ventilación para prolongar su vida útil

Los ordenadores portátiles son de los que más se suelen averiar. Esto se debe a varios motivos, entre los que cabe destacar la mala ventilación en muchos casos, lo que provoca un sobrecalentamiento del aparato y que termine por averiarse. Para evitarlo y alargar su vida útil, es conveniente mejorar su ventilación lo más posible. Esto se puede conseguir de diferentes formas, aunque una de las más sencillas pasa por colocar el portátil sobre un soporte de rejilla, lo que permite que la ventilación de la parte inferior (la que más sufre dicho calentamiento) mejore, reduciendo la temperatura del ordenador en su conjunto y permitiendo que dure en buen estado por más tiempo.

184. Cuando se cambie de ordenador, llevarlo a un punto limpio

Cuando un ordenador se averíe y vayamos a cambiarlo porque ya no se puede reparar, habrá que llevarlo a un punto limpio. En los puntos limpios se gestiona la basura tecnológica de forma responsable. De este modo, se evita que la enorme cantidad de metales pesados que forman parte de los componentes del ordenador puedan ser diseminados por el medio ambiente, contaminando el suelo, el agua y el aire.

185. Comprar papel y cuadernos con ecoetiqueta

Cuando vayamos a comprar cuadernos o blocs, así como papel de cualquier otro tipo, es importante fijarse en que el producto tenga el símbolo correspondiente a la ecoetiqueta. Esta ecoetiqueta es la que garantiza que el papel que estamos comprando procede de plantaciones de madera controladas. Es decir, que no se han talado bosques o selvas para realizar el papel en cuestión. Hay que tener en cuenta que una plantación no es lo mismo que un bosque o una selva. Un bosque o una selva es un ecosistema natural en el que habitan multitud de especies animales y vegetales. Por el contrario, una plantación de madera es un cultivo que se lleva a cabo para obtener este recurso, ya sea para fabricar objetos de madera o para conseguir celulosa para fabricar papel. Los productos de papel con ecoetiqueta garantizan que la procedencia de su celulosa es de plantaciones legales y controladas, lo que implica que se reduzca al mínimo el impacto que la fabricación del papel tiene para el medio ambiente.

186. No fumar

Aunque es algo que se debería hacer principalmente por la salud, hay que tener en cuenta que el tabaco es una planta que requiere destinar grandes hectáreas de suelo para ser cultivada. Esto implica deforestación o desplazamiento de otros cultivos mucho más necesarios, como son los que se destinan a los alimentos.

Además, también hay que tener en cuenta que el tabaco contiene una gran cantidad de sustancias tóxicas que, aunque la mayor parte pasan al cuerpo del fumador, otra buena parte se diseminan por el aire, lo que implica la contaminación del medio ambiente. Así mismo, los filtros de los cigarrillos conservan gran cantidad de estas sustancias que, al final, terminan siendo disipadas por el entorno. Además, los filtros son muy difíciles de reciclar o de gestionar de manera responsable debido a la gran cantidad de sustancias químicas que contienen. En consecuencia, se trata de otro elemento ligado al tabaco que genera contaminación en el medio ambiente.

187. Usar una fiambrera libre de BPA

Cuando vamos al trabajo o de excursión, lo más común es usar una fiambrera para guardar la comida. Sin embargo, es importante que nos aseguremos que se trata de una fiambrera que no contenga BPA (bisphenol-A). Esta sustancia se utiliza ampliamente para fabricar plásticos de un solo uso, así como tarteras y fiambreras de baja calidad. Sin embargo, se trata de un compuesto peligro para nuestra salud y para el medio ambiente.

De hecho, el principal problema lo encontramos en la migración que tiene lugar de la fiambrera a los alimentos. De esta forma, algunas partículas de BPA pasan a los alimentos y, al ingerirlos, a nuestro organismo. El problema es que estas sustancias actúan como disruptores endocrinos, además de estar relacionadas con la aparición de muchas enfermedades. Por ello, es muy importante que adquiramos una fiambrera de buena calidad y libre de esta sustancia, presente principalmente en los plásticos. Una opción muy sencilla para asegurarse de que estamos ante una fiambrera que no tiene BPA es que esté fabricada en cristal o en acero inoxidable.

188. Restaurar los muebles en lugar de comprar otros nuevos

Una forma sencilla de hacer nuestra casa más ecológica es no comprar muebles nuevos, sino restaurar los antiguos que ya se tienen. Esto se puede hacer tanto con los muebles como con las carpinterías de casa (puertas, ventanas, pasamanos...). De esta forma, se reduce el impacto en el medio ambiente al consumir menos recursos naturales, ya que la restauración de los muebles permite alargar su vida útil y darles el nuevo estilo decorativo que queremos sin necesidad de consumir tantas materias primas como si fueran nuevos.

189. Adquirir muebles y objetos para la casa en tiendas de segunda mano

Por otro lado, también hay que valorar la posibilidad de adquirir muebles y objetos para la casa en tiendas de segunda mano, mercadillos, almonedas y anticuarios. En estos comercios se pueden encontrar multitud de objetos de todos los estilos y con una variedad de precios muy amplia. De esta manera, también conseguimos reducir el impacto medioambiental al alargar la vida útil de estos muebles y objetos para la casa, puesto que se evita tener que consumir recursos naturales para la fabricación de otros nuevos. Además, aportan un estilo *vintage* muy estético y agradable.

190. Comprar productos de madera procedentes de plantaciones sostenibles

Al igual que sucedía con el papel, las maderas con la que se fabrican los muebles y otros objetos de madera pueden tener diferentes procedencias. Debido a esto, antes de comprar un mueble u objeto es fundamental asegurarse de que la madera de la que está compuesto procede de plantaciones legales y responsables, y no de bosques o selvas que hayan sido taladas para dicha finalidad. Para ello, es indispensable leer correctamente el etiquetado adjunto o, en caso de carecer de él, preguntar en el comercio de dónde procede la madera con la que está fabricado el mueble o el objeto en cuestión.

191. Adoptar mascotas en lugar de comprarlas

Uno de los aspectos que se tienen que tener en cuenta cuando se trata de tener mascotas es que se trata de seres sintientes, no de objetos. Es decir, no pueden ser entendidos como una simple propiedad que pertenece a una persona. Al contrario, las mascotas deben ser entendidas como una relación de simbiosis, en la que la persona dueña de la mascota debe velar por su bienestar en todo momento.

Debido a esto, es absolutamente incompatible tener mascotas y comprarlas. Al comprar mascotas se está favoreciendo un mercado que vive de la explotación de los animales, ya que son cosificados y convertidos en un "producto" que sale a la venta. Para evitar ser partícipes de este mercado que no busca el bienestar de los animales sino la obtención de beneficios económicos, lo correcto será adoptar a las mascotas en lugar de comprarlas. Cuando se adopta una mascota se hace con el objetivo de darles un hogar y establecer una relación de cuidado y amor, no una relación de compra de propiedad cosificada. Por ello, siempre se debe optar por la adopción y nunca por la compra de mascotas.

192. No tener como mascotas animales salvajes o animales exóticos

Del mismo modo que la compra de mascotas es incompatible con el bienestar animal, convertir un animal salvaje o exótico en mascota es incompatible con el respecto a la naturaleza de estos animales. Este tipo de animales deben vivir en su hábitat natural. A diferencia de otros animales que sí que son domésticos (los perros y los gatos son dos buenos ejemplos de estos), los animales salvajes o animales exóticos no se adaptan a la vida en cautividad. De hecho, sacarlos de su propio hábitat conlleva un serio peligro para la supervivencia de muchas especies, ya que se genera un mercado (muchas veces ilegal) de tráfico de animales salvajes o exóticos que afecta de forma negativa a la conservación de estas especies.

Además, este tipo de especies, cuando son liberadas en el medio ambiente en los entornos donde sirvieron como mascotas, pueden terminar convirtiéndose en especies invasoras. Esto conlleva gravísimos desequilibrios para los ecosistemas que se ven afectados por la presencia de estas especies invasoras, por lo que es otro aspecto a tener en cuenta a la hora de evitar que los animales salvajes o exóticos se puedan convertir en mascotas.

193. Renunciar a reproducirse o tener menor número de hijos propios

Uno de los mayores sacrificios que se puede hacer en favor de la ecología es renunciar a reproducirse o, al menos, tener un menor número de descendientes. Esto se debe a que, al aumentar la población, aumenta también la presión demográfica sobre el planeta, lo que genera un mayor impacto medioambiental. En consecuencia, tener menor número de hijos es una de las formas más efectivas de reducir nuestro impacto sobre el medio ambiente. No obstante, sabiendo que se trata de un sacrificio muy importante, una opción que se puede barajar es la de, simplemente, tener un único hijo en lugar de dos o más.

Por otro lado, cuando en lugar de tener hijos por reproducción propia se opta por la adopción, no se está aumentando la presión demográfica sobre el planeta, ya que se trata de personas que ya han nacido. De este modo, la adopción se presenta de una opción viable para tener un número elevado de hijos que, además de estar tan llena de amor como cuando se tienen por reproducción propia, también tiene el aliciente de que se está ayudando a otro ser humano que está en situación de exclusión y que necesita del amor y el cuidado de una familia tanto como cualquier otro.

194. Educar en la ecología y en el respeto al medio ambiente

Otro elemento que tenemos que tener en cuenta para proteger el planeta y el medio ambiente es la educación. La educación es una de las herramientas más poderosas que tenemos para ser ecológicos ya que, gracias a la educación, se fomenta la mente crítica y el espíritu combativo contra aquellas acciones perjudiciales para el medio ambiente y para la propia salud humana. De este modo, es fundamental fomentar y apoyar aquellos proyectos y actividades que favorezcan tanto la educación en la ecología como el respeto al medio ambiente, tanto en el caso de niños como de adultos.

195. Evitar los productos cosméticos y de higiene que contengan microplásticos

Los microplásticos son plásticos muy pequeños (por lo general, se considera que tienen que tener menos de 5 milímetros de longitud). Debido a su pequeño tamaño, son también plásticos muy peligrosos, ya que son ingeridos por diferentes animales y terminan pasando a la cadena trófica, causando diferentes problemas a numerosas especies.

Aunque los microplásticos deben ser evitados en su conjunto, uno de los sectores donde se utilizan con más frecuencia es el de los productos cosméticos y de higiene. Por lo general, se suelen usar tanto en pastas dentífricas como en exfoliantes de la piel, donde los microplásticos están presentes en forma de diminutas bolitas destinadas a la limpieza por frotación. Después de ser usados, estos productos terminan yéndose por el desagüe, de donde pasan a las tuberías y, finalmente, a los ríos y los mares, donde tiene lugar la contaminación y la ingesta de estos microplásticos por parte de los animales.

Para evitar que esto pase, lo mejor es evitar este tipo de productos. Para ello, la mejor opción es decantarse por las versiones ecológicas de estos productos, ya que los productos ecológicos, entre otros muchos aspectos ya mencionados, nunca incorporan microplásticos entre sus ingredientes.

196. Votar por líderes que apoyen la lucha contra el cambio climático

Otro de los aspectos que tenemos que tener en cuenta si queremos ser ecológicos es votar por líderes que apoyen la lucha contra el cambio climático y que apoyen programas de protección al medio ambiente. Es evidente que las decisiones que toman los políticos tienen enormes consecuencias en el medio ambiente. Por ello, votar a unos líderes que propicien que la salvaguarda del planeta y los asuntos relacionados con la protección del medio ambiente se sitúen como una prioridad en la agenda política es uno de los actos más importantes que podemos realizar a la hora de ser más ecológicos y más sostenibles.

197. Usar Internet para tener acceso a productos y servicios ecológicos

Aunque las opciones ecológicas son cada vez más comunes, es cierto que en determinadas regiones o en poblaciones particularmente pequeñas puede ser complicado tener acceso a estos productos y servicios. De hecho, en muchas ocasiones, puede ser complicado incluso tener acceso a la propia información relacionada con la ecología. En estos casos, es fundamental el uso de Internet para poder acceder a estas opciones más respetuosas con el medio ambiente, ya que va a ser una de las mejores maneras de estar conectado con la enorme red de personas y servicios ecológicos que existen actualmente.

198. Apoyar acciones y proyectos en favor de la ecología y el respeto al medio ambiente

Por otro lado, también es fundamental que se apoyen tanto acciones como proyectos concretos destinados a proteger el planeta y el medio ambiente. En general, se puede considerar que una de las mejores formas de apoyar estos proyectos es participar en ONG cuyo motivo de existencia sea la protección del medio ambiente en todos sus ámbitos. Este apoyo puede ser tanto económico como de voluntariado o, simplemente, dando visibilidad a los proyectos que las ONG de este tipo realizan.

199. Participar en voluntariados ecológicos y que apoyen el medio ambiente

Dentro de esta participación que se puede realizar en los proyectos en favor del respeto al medio ambiente, uno de los más importantes es el voluntariado. En este sentido, existen diversas actividades que se llevan a cabo desde las propias ONG en las que se puede participar de forma activa o puntual para favorecer el medio ambiente y el cuidado del planeta. Algunas de las más comunes suelen ser llevar a cabo partidas de reforestación, partidas de limpieza del campo o, simplemente, acudir a manifestaciones convocadas por estas instituciones para dar visibilidad a la causa.

200. Ser constantes a lo largo del tiempo

Finalmente, no podemos dejar de mencionar que, para ser ecológicos, es necesario ser constantes en nuestro empeño de reducir nuestro impacto en el medio ambiente. En este sentido, es fundamental tener claro que se trata de un objetivo que no se consigue de un día para otro, que se debe enfocar a largo plazo. Así mismo, es fundamental tener en cuenta que, para poder ser constantes, es necesario que nos adaptemos lo mejor posible a las opciones disponibles. De este modo, tendremos más posibilidades de tener éxito en este viaje y en esta lucha y, de este modo, reducir lo más posible nuestro impacto en medio ambiente y en el planeta en su conjunto.

Conclusión

Como hemos podido ver a lo largo del libro, ser ecológicos en nuestro día a día es una tarea que llega a prácticamente todas las esferas de la vida. Sin duda, se trata de una tarea que tiene muchas dimensiones y muchas formas de enfocarse. Sin embargo, en todos los casos, se trata de acciones con un objetivo común: reducir o contrarrestar el impacto humano en el medio ambiente y en el planeta en su conjunto.

Los derroteros que la acción humana ha tomado a lo largo del último siglo, y especialmente en las últimas décadas, están teniendo ya su impacto a nivel global. En este sentido, el cambio climático, consecuencia directa de la emisión de los gases de efecto invernadero, es el reto más importante al que tenemos que hacer frente en el siglo XXI. No obstante, los daños causados por el ser humano al planeta no se limitan únicamente al cambio climático. Otras situaciones, como la pérdida de la biodiversidad, la deforestación y desertización de los suelos, la acidificación de los ríos y mares, así como los problemas de salud derivados de la contaminación y la presencia de sustancias tóxicas en el entorno más inmediato, son situaciones que ponen en verdadero riesgo la supervivencia de la propia especie humana y de la vida en el planeta en su conjunto tal y como la conocemos.

En este reto es necesario que todos rememos en una misma dirección, desde los grandes agentes sociales hasta el ciudadano particular. Sin embargo, aunque, como ya mencionamos, son los grandes agentes sociales quienes tienen mayor capacidad de cambio, es cierto que son los consumidores, los ciudadanos particulares, quienes tienen mayor capacidad de presión sobre dichos agentes sociales. Estos agentes sociales (desde gobiernos a empresas, así como instituciones de cualquier otra índole), actúan en consecuencia de las demandas de la ciudadanía. Por ello, si es el ciudadano particular quien demanda políticas y productos más sostenibles y respetuosos con el medio ambiente, serán los propios agentes sociales quienes fomentarán dichas políticas y productos. Es justo en este punto donde cabe recordar que, aplicando estos 200 consejos ecológicos que hemos mencionado, así como otros que se hayan podido quedar fuera de este listado, será como conseguiremos que el impacto de nuestras buenas acciones diarias se vean magnificadas y lleguen a verse reflejadas en la sociedad en su conjunto.

En resumen, ser más ecológicos y más sostenibles puede ser una tarea complicada y requerir de una voluntad férrea en muchas ocasiones. Sin embargo, se trata de una tarea fundamental y completamente trascendental. Lo que hagamos el día de hoy tendrá eco en los años y siglos venideros. Es por ello que hay que ser conscientes de que el momento de actuar es ahora, no cuando la situación se nos haya escapado completamente de las manos. De hecho, cabe espacio para la esperanza. Cada vez, son más las personas y las instituciones que trabajan mano a mano y de manera coordinada a nivel internacional para reducir los efectos del cambio climático y para recuperar los espacios naturales degradados. Poco a poco, la ecología y el respeto al medio ambiente se han posicionado en los primeros puestos en la agenda política global. Esto es un claro síntoma de que, aunque aún quede mucho por hacer, vamos por el buen camino para lograrlo. Sin duda, el primer paso para cambiar el mundo es empezar por cambiarse a uno mismo. Eso es, justamente, lo que conseguimos poco a poco introduciendo más hábitos ecológicos en nuestro día a día: cambiar el mundo.